CONECTA
CON EL DINERO

Autor bestseller de *The New York Times*

BRIAN TRACY

CONECTA

CON EL DINERO

La ciencia para multiplicar tu riqueza

AGUILAR

El papel utilizado para la impresión de este libro ha sido fabricado a partir de madera
procedente de bosques y plantaciones gestionadas con los más altos estándares ambientales,
garantizando una explotación de los recursos sostenible con el medio ambiente y beneficiosa para las personas.

Conecta con el dinero
La ciencia para multiplicar tu riqueza

Título original: *The Science of Money: How to Increase your Income and Become Wealthy*

Primera edición: junio, 2022
Primera reimpresión: marzo, 2023

D. R. © 2017 2019, Brian Tracy y Dan Strutzel

D. R. © 2023, derechos de edición mundiales en lengua castellana:
Penguin Random House Grupo Editorial, S. A. de C. V.
Blvd. Miguel de Cervantes Saavedra núm. 301, 1er piso,
colonia Granada, alcaldía Miguel Hidalgo, C. P. 11520,
Ciudad de México

penguinlibros.com

D. R. © 2022, Alejandra Ramos, por la traducción

ISBN: 978-607-381-570-3

Impreso en México – *Printed in Mexico*

Índice

Prólogo

Serie de conversaciones dinámicas

Brian Tracy es una de las autoridades más importantes del mundo en lo referente a negocios y éxito personal. Ha ofrecido más de cinco mil pláticas y seminarios a más de cinco millones de personas, y es *coach* de negocios de líderes fundamentales de industrias esenciales a nivel mundial.

Dan Strutzel es un veterano con 25 años de experiencia en la industria del desarrollo personal y ha publicado algunos de los audiolibros más exitosos de la historia en torno a este tema. Ha trabajado de cerca con la mayoría de los autores y oradores más notables del desarrollo personal.

Cuando Brian estuvo de acuerdo en reunirse para discutir su seminario *La ciencia del dinero: La ciencia de la felicidad*, Dan se emocionó mucho. En un encuentro de un largo fin de semana, ambos pensadores exploraron el tema de manera profunda y detallada. Las entrevistas fueron transcritas y ahora las presentamos en este libro. Esperamos que las disfrutes y que la discusión te resulte ventajosa.

Introducción

Dan Strutzel

El dinero continúa siendo uno de los temas que más provocan reflexiones, emociones y divergencias. Se ha escrito una enorme cantidad de libros, artículos, publicaciones en blogs y discursos respecto a lo que es el dinero, cómo ganarlo, cómo gastarlo, quién lo tiene y quién no, así como respecto a una miríada de temas circundantes. Sin embargo, a pesar del constante análisis de este tema, la palabra que mejor describe la noción que la gente común aún tiene respecto al dinero es *confusión*.

Aunque se han publicado excelentes investigaciones sigue habiendo demasiada desinformación, una especie de ruido blanco financiero. La confusión es tanta que, para mejorar su situación económica, la mayoría de la gente prefiere confiar en la suerte o simplemente ignorar lo que le pasa. Esto no sólo es innecesario: es una tragedia. Digo que es una tragedia porque cada vez que alguien deja su vida en manos de la fortuna o, incluso peor, que renuncia a sus sueños, se desperdicia un gran potencial humano que jamás será revelado. También es algo totalmente innecesario porque los secretos respecto al dinero, a cómo generarlo, invertirlo y gastarlo de manera sabia, *ya fueron descubiertos*.

Puedo asegurártelo. Así como existen ciencias de la nutrición, la anatomía, la astronomía, la química y la ingeniería, también existe la ciencia del dinero. Esta ciencia ha sido puesta a prueba y comprobada una y otra vez, y no sólo durante años o décadas, sino a lo largo de milenios. Aunque siempre pueden surgir teorías nuevas sobre el dinero, de la misma manera que hemos visto teorías nuevas para curar el cáncer o la calvicie, dentro de muy poco la disciplina de la ciencia y sus reglas para probar y verificar resultados hará que dichas ideas salgan del ámbito de la teoría e ingresen a una de dos categorías: la de los hechos verificables o la de las nociones desmentidas. Es lo que Brian llama *ley* y *mito*, respectivamente.

En este libro analizaremos ambas categorías, las *leyes* del dinero que han sido probadas y en las que puedes confiar de la misma manera en que confías en que el sol saldrá por el este, y los *mitos* del dinero. Los mitos pueden incluir aquellas ideas que existen sin base alguna y aun sobreviven como rumores, así como las ideas que proclaman ser ciertas, pero que han sido puestas a prueba y desmentidas, o que, a lo mucho, no han sido probadas de manera absoluta.

Por último, nuestro objetivo primordial es terminar con la confusión respecto al tema de una vez por todas y presentar, de forma abarcadora y en un solo sitio, las verdades esenciales respecto al dinero. Si estudias las nociones que aquí presentamos y las aplicas a tu vida y a tu negocio, ten por seguro que alcanzarás el éxito financiero con la misma certeza de que el sol saldrá mañana.

Capítulo 1

¿Qué es el dinero?

En cualquier disciplina científica necesitamos definir los términos para estar seguros de que estamos de acuerdo en cuanto al tema que estudiamos y a las reglas de base para probar cualquier teoría relacionada. En esta sesión Brian ayudará a definir los términos relacionados con el dinero. Algunas de sus respuestas podrían sorprenderte.

DAN

Brian, empecemos por describir lo que queremos decir con la ciencia del dinero y la forma en que ha sido estudiado. Veamos cómo este análisis ha generado leyes sólidas y confiables respecto a la manera en que se puede ganar o crear el dinero, y cómo se comporta frente a muchas de las teorías místicas y especulativas que se escuchan por ahí.

BRIAN

Si quieres ir directo al grano, hay que comenzar por la primera ley, la cual se denomina *ley del intercambio*. Esta ley dice que el dinero es el medio por el que la gente intercambia sus productos y servicios por los productos y servicios de otros. El dinero es un medio de intercambio por trabajo.

Antes de que hubiera dinero existía el trueque. Esto nos lleva a 100 mil años atrás, cuando alguien hacía una punta de lanza de pedernal o un cuenco y lo cambiaba por un tapete o una piel. En el trueque la gente intercambiaba de manera directa productos y servicios por otros productos y servicios, es decir, sin utilizar el medio del dinero. Luego la civilización evolucionó y el trueque se volvió un medio demasiado simple. La gente descubrió que podía intercambiar sus productos y servicios a través de medios como el oro, la plata, las monedas, conchas de mar o vistosas cuentas en la América temprana. En pocas palabras, medios escasos y valiosos. La gente tenía una moneda o algo de valor que podía intercambiar por un pollo, una cabra o algo más. Esto ocasionó que todo el proceso se volviera más eficaz.

Ése fue el principio del dinero y sigue definiendo lo que es en la actualidad a pesar de que mucha gente continúa confundida al respecto. Como dije, este principio hace que todo el proceso de intercambio sea más eficiente. Hoy en día vamos a trabajar e intercambiamos nuestra labor por dinero que luego usamos para adquirir los productos que otras personas generan con su trabajo. En pocas palabras, el dinero es el medio por el cual intercambiamos nuestro trabajo por el de otros.

El primer corolario de la ley del intercambio es que el dinero es una medida del valor que la gente les asigna a los bienes y servicios. Lo que determina el valor de algo es exclusivamente lo que una persona pagará por ello. Las cosas no tienen un valor intrínseco, lo que define su valor es exclusivamente la cantidad que alguien esté dispuesto a dar a cambio de ello.

De hecho, es imposible afirmar que tu producto o servicio vale cierta cantidad a menos de que alguien la valide a través de una oferta equivalente. Los bienes y servicios no tienen un valor aparte del que alguien esté dispuesto a dar a cambio y, por lo tanto, todo valor es subjetivo. Ésta es la base de la filosofía de la escuela austriaca, la cual es la mejor escuela de economía y la más profunda de la historia de la humanidad. La escuela austriaca se basa en los pensamientos, sentimientos, actitudes y opiniones del comprador potencial en el momento de la decisión de compra.

El segundo corolario de la ley del intercambio dice que las demás personas consideran que tu labor es un factor de producción, es decir, un costo. Esto destruye casi todos los otros argumentos económicos respecto a que la gente debería ganar 15 dólares por hora o algo así. En el medio económico, a los seres humanos se les denomina *homo economicus*, lo cual significa que siempre actuamos en relación con la economía: siempre tratamos de obtener lo más posible a cambio de lo menos posible. Es una cuestión genética, forma parte de nuestro ADN y siempre ha sido así. Si podemos pagar menos, nunca pagaremos más.

Todos tenemos la tendencia a considerar que el sudor de nuestra frente es algo especial porque es personal, porque proviene de nosotros. Es una expresión de lo que somos y, de hecho, también es una cuestión emocional porque representa nuestra vida. Sin embargo, desde la perspectiva de otros, nuestro trabajo es sólo un costo. Como consumidores, empleadores o clientes inteligentes que somos, queremos obtener lo más posible a cambio de lo menos sin importar quién realice el trabajo. Por eso la gente manufactura en China, Taiwán, Vietnam o Indonesia: porque al cliente en Estados Unidos no le importa de dónde viene el producto, sólo le interesa pagar el precio más bajo.

La gente habla sobre la deslocalización u *offshoring*, sobre hacer que el trabajo se efectúe en otros países, etcétera. Pero no son las empresas sino los compradores quienes exigen que se deslocalice el empleo, porque de esa manera los productos y servicios se pueden producir a un costo menor. Casi todos los productos de Apple están fabricados en China. ¿Por qué? Porque el costo de manufactura en un país más desarrollado es tres o cuatro veces mayor a lo que cuesta en ese país asiático, y los clientes de los países desarrollados no están dispuestos a pagar esa cantidad tan elevada. De manera indirecta, los compradores les exigen a las empresas que deslocalicen los empleos para poder comprar lo más posible al precio más bajo.

Por todo esto, es imposible asignarle un valor objetivo a tu propio trabajo, y no puedes protestar y exigir aumentos. Lo que determina tu salario y lo que vales en términos económicos es lo que las otras personas están dispuestas a pagar por tu trabajo en el marco de un mercado competitivo. Más adelante hablaremos del 99% contra el 1% y otros temas.

El tercer corolario de esta ley indica que la cantidad de dinero que ganas es una medida del valor que otros le asignan a lo que contribuyes. Dicho de otra forma, en el mercado los compradores son quienes deciden lo que valemos. Los clientes de las empresas para las que trabajamos determinan lo que pagarán por los productos y servicios con los que contribuimos a la producción. Esto define nuestro salario. No se puede pagar una cantidad *objetiva*. Lo que te paguen tendrá una proporción directa con la cantidad y la cualidad de tu contribución en comparación con la contribución de los otros empleados, combinada con el valor que las otras personas le asignan a lo que tú aportas.

Antes solía decir que todos los días estás compitiendo con todos los empleados de tu empresa, pero mucha gente se enfurruñaba al escucharme y decía: "No estamos compitiendo, trabajamos juntos como miembros de un equipo". El hecho es que la persona que define la cantidad en tu cheque de nómina también determina cuánto te pagarán en comparación con lo que se les paga a otros. Por eso la mayoría de las empresas te prohíben hablar sobre tu salario con los compañeros, porque tu salario se define dependiendo de lo que la empresa piensa que vales en relación con todos los que trabajan a tu alrededor.

El cuarto corolario de la ley del intercambio es que el dinero es un efecto, no una causa. Tu trabajo o contribución al valor de un producto o servicio es la causa, y el salario, bonos u honorarios que recibes son el efecto. Si deseas aumentar el efecto, primero tienes que aumentar la causa. Hace varios años el autor Earl Nightingale dijo que la ley de causa y efecto es la base de toda la existencia humana, la ciencia, la tecnología, las matemáticas y el dinero.

El quinto corolario de la ley del intercambio dice que para aumentar la cantidad de dinero que obtienes debes aumentar el valor del trabajo que ingresas. Es un asunto fenomenológico. La gente cree que puede obtener más sin dar más, es algo que sucede en todo el mundo. Si preguntas: "¿De dónde va a salir todo el dinero?", te responden: "De algún lugar". Si presionas un poco más, la respuesta es: "Bueno, el dinero debería venir de las otras personas que están generando más valor y que, por lo tanto, ganan más. Entonces deberían dármelo a mí para que no me sienta mal (aunque, de acuerdo con el mercado, yo genero menos valor)". Este tipo de actitud subjetiva, de que tengo derecho a más dinero, es un disparate absoluto; es lo que conduce a disturbios, huelgas y otros problemas.

Decimos que para ganar más dinero es necesario añadir más valor. Si observas lo que sucede en los negocios, verás que el secreto de la creación de riqueza, sobre el que hablaremos más adelante, consiste en añadir valor. En mis seminarios a veces pregunto quién trabaja por comisiones directas. Puedo preguntarles a mil personas, y entre 10 y 15% levanta la mano. En el fondo, la verdad es que *todos* trabajan a cambio de comisiones. ¿Qué significa esto? Que todos obtienen un porcentaje del valor de lo que generan. Si no estás contento con el porcentaje que obtienes, crea más valor, aumenta tu valor para que tu jefe o tus clientes estén dispuestos a pagar más dinero porque consideran que tu contribución lo vale.

Algunas personas ganan 10 dólares por hora; otras ganan mil dólares por hora. Tengo un amigo que mejoró sus habilidades, dejó de ser un abogado comercial y se convirtió en especialista en derechos intelectuales, un área en la que nadie se había metido antes. Era una zona virgen. Empresas como Sony, Disney y otras de las más importantes del mundo le pagan con gusto mil dólares la hora para que les ayude con sus asuntos de propiedad intelectual, porque las cantidades que manejan están en los cientos de millones de dólares y él es experto en el tema. Mi amigo aumentó tanto su valor personal, que ahora las empresas se forman para pagarle lo que él quiera. A menudo le pagan dos o tres millones de dólares para que revise un solo contrato o una fusión entre empresas que manejan propiedad intelectual, como las empresas fílmicas.

Para ganar más dinero debes añadir más valor; tienes que aumentar tu conocimiento. El experto en administración Peter Drucker dijo que todos éramos trabajadores del conocimiento, así que si aumentas lo que sabes respecto a cómo desempeñar mejor tu trabajo, también aumentarás tu valor y la gente estará dispuesta a pagar y ansiosa por que aceptes su dinero. Hay dos opciones: o incrementas el nivel de tus habilidades para producir más y mejor trabajo en el mismo periodo, o mejoras tus hábitos para ser más productivo.

La gente a la que más le pagan en toda comunidad o negocio siempre se enfoca en los resultados. Son personas de alta productividad. Yo he ayudado a muchos enseñándoles habilidades para la administración del tiempo, y tan sólo aprender esto les ha permitido triplicar sus ingresos en menos de un año, luego de realizar el mismo trabajo para la misma empresa. Ésta les ofrece más dinero porque de pronto comienzan a generar mucho más valor. En resumen, todos trabajan por comisiones directas.

Otra cosa que puedes hacer es trabajar más horas y con más intensidad. La gente más exitosa siempre se esfuerza más que los otros. De hecho, las estadísticas indican que trabajar entre 59 y 60 horas a la semana te coloca dentro del 20% que está en la cima, y si trabajas 70 horas estarás en el 5 y el 10%. Hoy en día la persona promedio trabaja 40 horas a la semana, pero de acuerdo con los estudios efectuados, sólo 32 son horas reales laboradas. ¿Por qué? Porque los empleados típicos hacen pausas para beber café y almorzar, y cada vez que lo hacen salen más temprano y regresan más tarde a la oficina. En esas 32 horas desperdician 50% del tiempo en pláticas triviales, Facebook y otras redes sociales, internet y llamadas a amigos, entre otras cosas. En resumen, la persona promedio sólo tiene 16 horas de trabajo productivo a la semana y, para colmo, en ese tiempo genera tareas de bajo valor. Y luego muchos se preguntan por qué no les pagan más.

El secreto del éxito es trabajar todo el tiempo que trabajas, es decir, todo el tiempo que estás en la oficina o en tu escritorio. Comienza más temprano, trabaja con más ahínco, quédate hasta más tarde y produce algo todo el maldito tiempo. No te hagas tonto, no te pongas a platicar con tus amigos, no salgas a almorzar ni a tomar café, no leas el periódico ni navegues en internet. Cuando llegues a trabajar, trabaja, comprométete con tu tarea y enfócate.

También puedes trabajar de una manera más creativa o hacer cualquier cosa que te permita impulsar tu esfuerzo y tener mejores resultados. Algunas personas producen cinco veces más que otras en las mismas ocho horas de la jornada laboral.

Por cierto, toda la gente rica trabaja seis días a la semana, es algo que aparece en un estudio tras otro. No es nada difícil, si te dedicas a algo que realmente disfrutas, si lo haces bien y si tienes resultados excelentes, te sentirás motivado y feliz. De hecho, a la gente exitosa le gusta tanto lo que hace que si quisiera dejar de hacerlo tendría que obligarse a sí misma a *no* trabajar.

Una de nuestras mayores responsabilidades, algo sobre lo que hablaremos más adelante, es encontrar un trabajo que disfrutes tanto que te provea energía, algo que tengas que obligarte a dejar. La gente que realiza la actividad correcta siente que el tiempo se congela, se le olvida comer, se le olvida tomar descansos o ir por un café. Se abstrae tanto en lo que está haciendo que la tienen que jalar para ir a comer o hacer otra cosa.

La gente a la que más le pagan es la que mejora de manera constante en las áreas que le añaden más valor al trabajo que realiza. La verdad es que la cantidad que ganas es un reflejo directo del valor que produces para mejorar la vida y la actividad laboral de otras personas. Todo éxito en la vida proviene del servicio que les brindes a otros de una u otra manera. Si quieres hacer mucho dinero, trata de servirle a mucha gente y de hacerlo de tal suerte que marques una diferencia en su vida.

DAN

Ahondemos un poco en este tema. Hablemos de lo que argumenta la gente. En cuanto a tu sugerencia de añadir valor, es común escuchar a quienes exigen salarios más elevados decir cosas como: "Miren a los ejecutivos de mayor nivel, cuando dejan la empresa se van con paracaídas de oro (indemnizaciones muy generosas) a pesar de que la empresa está perdiendo dinero. O miren la bolsa de valores, hay quienes la usan como si fuera casino. Lanzan los dados y hacen dinero cuando la bolsa sube o baja".

La gente podría decir que hay ciertas distorsiones en la economía, o sea que no sólo se trata de un intercambio de valor. Háblanos sobre algunas de las objeciones más cínicas respecto a la idea de añadir valor. ¿Cómo les responderías a quienes las esgrimen?

BRIAN

Permíteme contarte una famosa anécdota sobre lo que se conoce como *culto al cargamento*. En Nueva Guinea, durante la Segunda Guerra Mundial, los Aliados llegaron, construyeron pistas aéreas y bases militares para luchar contra los japoneses. Algunas de las batallas más feroces se libraron en una mitad de Nueva Guinea, y la otra la controlaban los australianos y los estadounidenses. Todas las municiones, alimento, suministros, es decir, todo, venía en los aviones que llegaban.

El Cuerpo de Ingenieros del Ejército llegaba, descargaba las excavadoras, construía las pistas de aterrizaje y luego empezaban a traer todos los alimentos, ropa y equipo para la batalla. Cuando la guerra terminó, se retiraron, y Nueva Guinea volvió a ser una zona selvática. Los nativos que vivían alrededor de estas áreas y que fueron empleados como trabajadores durante el conflicto no tenían idea de dónde venía la riqueza, pero creían que era de los aviones de carga, así que comenzaron a rendirle culto al sistema de aviación de carga. Fabricaron muñequitos y modelos a escala de los aviones y los colocaron en altares. Encendían incienso, les rezaban, los adoraban y cantaban. Oraban para que volvieran los aviones con la riqueza en su interior.

La conclusión de esta historia es que la mayoría de la gente ignora profundamente todo sobre el dinero, y por eso comparte el mismo tipo de ideas: creen en cosas fantásticas.

Cuando a una persona la atraen para que acepte un empleo en una empresa de la lista *Fortune 500*, le ofrecen un salario elevado y opciones de acciones a un precio preferencial. Además, sus abogados tienen que negociar sus contratos. Lo sé por experiencia. Negocian un pago de liquidación, así que, si algo no funciona, si la empresa decide contratarte, pero luego se echa para atrás por cualquier razón —el mercado cae, tu trabajo no es de calidad, etcétera—, te pagarán una liquidación contractual.

La gente dice: "Mira, los ejecutivos consiguen paracaídas de oro", y es cierto, porque ésos son los términos bajo los que aceptaron el empleo, y lo aceptaron luego de venir de otra empresa en donde también tenían un empleo maravilloso. Es algo normal.

En cuanto a la especulación en la bolsa de valores, verás que la gente a la que más le pagan y que trabaja ahí se esfuerza mucho por obtener ese salario. Por ejemplo, Warren Buffett, el multimillonario, pasa 80% de su tiempo estudiando la bolsa de valores, analizando empresas, observando los cambios en la competencia. Hablo de 80% del tiempo, todos los días. Y es un hombre de 91 años. Va a su oficina, enfoca todo su esfuerzo en su trabajo y estudia las inversiones.

Buffett comenzó con dos mil dólares y usó lo que se conoce como *modelo de inversión de valor*, un concepto sobre el que hablaremos más adelante. Buffett estudia el valor, el valor inherente de los productos, servicios y administración de la empresa, así como su posicionamiento en la industria en comparación con la competencia nacional e internacional. Es decir, hay muchos factores involucrados. La mayoría de la gente que entra y sale de la bolsa de valores termina en bancarrota. Es como cuando los jugadores profesionales de póquer van a Las Vegas a ganar mucho dinero. Al final del día descubren que, tomando en cuenta todo lo que ganaron y todo lo que perdieron, tal vez sería mejor conseguir un empleo que pasar 12 o 14 horas sentados en las mesas de juego y ganar sólo unos dólares. Hace un par de días regresé de Las Vegas y te puedo decir que toda la gente ahí está al tanto de esto. En cuanto a quienes trabajan en la bolsa de valores, 70% de los llamados *day traders*, y ahora también los *flash traders*, que salen y entran de los mercados todo el tiempo, tarde o temprano también terminan en situaciones muy desventajosas.

Hace poco vi a uno de mis clientes. Aprovechó la reunión para presentarme a un hombre que había gastado varios cientos de millones de dólares en el desarrollo de una organización de *flash trading* que contaba con 50 empleados. Vi todo: pantallas enormes, brillantes matemáticos comprando y vendiendo acciones el mismo día para tratar de ganar fracciones de centavos por aquí y por allá. El individuo perdió absolutamente todo. Cuando su empresa se desplomó, esos operadores que trabajaban 16 horas al día perdieron todo y se fueron. Por suerte, el inversionista era multimillonario y podía darse el lujo de echar por la borda cientos de millones de dólares en un proyecto de especulación.

El hecho es que la mayoría de quienes en verdad ganan dinero con las acciones son jugadores a largo plazo. Warren Buffett compra una acción y la conserva durante 50 años. Es un cambista de valores. De vez en cuando vende parte de alguna cartera de valores, pero en general lo hace para reunir fondos que le permitan comprar otro bien que esté teniendo mejores retornos en ese momento.

Hoy en día los presidentes de las empresas de la lista *Fortune 500* ganan en promedio 303 veces más que el salario promedio que reciben quienes trabajan en sus corporaciones. Lo interesante aquí es que todos comenzaron desde abajo, detrás de la línea, como todos los maratonistas. Al principio de su carrera eran como cualquier otra persona; se abrieron paso con un empleo.

Los pusieron a trabajar en grupo o en un cubículo. Algunos contaban con estudios típicos. Otros siempre habían sacado las mejores calificaciones. Otros no. Algunos venían de buenos hogares, otros venían de familias modestas. Algunos eran descendientes de los peregrinos del *Mayflower* y otros eran inmigrantes que no hablaban el idioma del país cuando llegaron. Hoy ganan 303 veces más de lo que recibe el empleado promedio en sus empresas, es decir, 303 veces 52 mil dólares. Estamos hablando de aproximadamente 10.3 millones de dólares anuales.

¿Cómo es posible? Los investigadores rastrearon el origen de este fenómeno y se dieron cuenta de que todos estos individuos tenían una estrategia. Es uno de los grandes descubrimientos respecto al dinero. La estrategia consistía en hacerse una pregunta desde el principio de su vida laboral: ¿qué habilidad me ayudaría a hacer una contribución más valiosa en este momento de mi carrera? Entonces iban a hablar con su jefe y éste les decía: "Si fueras realmente competente en mercadotecnia, en analizar estados financieros, en hacer presentaciones, en formar equipos o en negociar, serías aún más valioso en este empleo".

Luego, estos individuos se fijaban la habilidad en cuestión como un proyecto e implementaban un plan educativo, como si fueran a la escuela. Buscaban los mejores libros, los mejores audiolibros (de preferencia los nuestros), los mejores cursos y las mejores actividades diarias que les permitieran desarrollar sus capacidades. Un mes, seis meses o un año después ya habían adquirido la habilidad, porque todas las habilidades de negocios son susceptibles de ser aprendidas.

El número mágico es 10: 10 horas a la semana. Mientras los amigos de estos empleados salían a socializar, a buscar novia o novio, o cualquier otra trivialidad, ellos pasaban un promedio de dos horas diarias, cinco días a la semana, mejorando las habilidades que ya tenían o adquiriendo nuevas. Esta rutina se volvió tan natural como inhalar y exhalar. Llegaban a casa por la noche, cenaban con sus cónyuges y sus hijos, y se ponían a estudiar. Dos horas diarias, cinco días a la semana.

El otro día estaba en la India dando una conferencia. Les dije a los asistentes: "No estoy familiarizado con sus husos horarios, pero ¿cuántas horas tiene la semana promedio en la India?" Todos se rieron. Entonces continué: "¡Exacto! Tiene 168 horas: 24 por siete". Es igual en todos lados. ¿Podrían apartar 10 horas a la semana para convertirse en la persona más adinerada, mejor pagada y más respetada en su industria?", les pregunté. "Por supuesto", contestaron. Así que no es cuestión de 10 horas de 168, sino de fuerza de voluntad y disciplina.

Además, cada habilidad nueva que añadan se suma a la ley de las habilidades compuestas, es decir, toda nueva habilidad te permite usar las que ya tienes a un nivel superior. Puedes aumentar tu capacidad de ganar dinero o de contribuir a tu empresa. Esto te dará mejores resultados e incrementará tu valor, y cuando te vuelvas más valioso, la gente te pagará más y te ascenderá de puesto con más rapidez.

El efecto acumulativo se convierte en una especie de avalancha. Diez, 20 o 30 años después llegas a los 40 y tantos o cumples 50, y ya estás ganando 303 veces más que el salario promedio de todas esas otras personas que desde que obtuvieron su primer empleo no han movido un dedo para aprender algo nuevo. ¿Cómo es posible que les paguen tanto a algunos ejecutivos? Hay quienes responden: "Sólo es gente con suerte", pero la verdad es que esos ejecutivos toman decisiones que tienen efecto sobre cientos de millones y, algunas veces, miles de millones de dólares. Son gente que puede tomar la decisión de entrar y salir de una industria, o vender una división o una serie completa de fábricas, y sus decisiones pueden tener repercusiones sobre mil millones de dólares. ¿Qué obtienen a cambio? Obtienen 10 millones, 1% del impacto económico total de su decisión. Sin embargo, empezaron trabajando sin más compañía que una pequeña laptop en su cubículo. Ahora dirigen negocios colosales y sus oficinas ocupan el *pent-house* de los edificios más lujosos.

Todos tienen la capacidad de lograr algo así, todos tienen la habilidad de hacer algo similar.

DAN

¿Podrías contarnos tu historia y explicarnos cómo pasaste de ser una persona con muy pocos recursos a alguien que posee una gran riqueza?

BRIAN

La gente a menudo me pregunta: "¿Cuál fue tu gran motivación, tu sueño o pasión cuando comenzaste?", y yo contesto: "Comer". Lo único que quería cuando obtuve mi primer empleo era ganar lo suficiente para comer. Mi primer trabajo fue lavando trastes, vivía en un departamento de una recámara con una parrilla encima del refrigerador, un baño con una ducha barata, y una cama. Durante bastante tiempo viví en departamentos así en distintos sitios. Era un empleado y no podía pagar más que eso. Manejaba un carro viejo, usaba ropa vieja. Trabajaba entre ocho y 10 horas diarias, y lo único en que pensaba era en sobrevivir.

Sin embargo, también tuve un par de buenas experiencias. Cuando era niño, como a los 12 años, descubrí que era posible conseguir empleos en mi vecindario. Podía cortar la hierba y podar el césped de otras personas. Y eso fue lo que hice. Me contrataron en Sears y me dieron una podadora espantosa porque no sabía nada sobre el tema, así que sólo la empujaba por el vecindario y podaba el césped de casas ajenas.

En poco tiempo empezó a irme muy bien, así que decidí conseguir una podadora de mayor calidad. Visité una tienda y vi las máquinas que tenían, había nuevas y de segunda mano. Me compré una podadora comercial de segunda mano que resultó fabulosa, era del mismo tipo de las que usaban para podar los campos de golf. Era hermosa y, como lanzaba el pasto cortado hacia atrás, no dejaba marcas sobre el césped.

Entonces comencé a podar aún más jardines, y la gente me recomendaba con otros porque su césped lucía espléndido. Tiempo después conseguí una máquina especial para podar las orillas de las banquetas y los parterres. Luego me hice de un carrito para transportarla, y para cuando tuve 15 años ya estaba ganando más que mi papá. Sólo me paseaba por ahí con mi carrito podando el césped de los jardines, e incluso podaba el del alcalde de la ciudad.

Así aprendí que había una relación directa entre el trabajo arduo, ser algo ingenuo y obtener ingresos. Cuanto más pronto aprendes que tu trabajo y tus ingresos están ligados, más aumenta la probabilidad de tener éxito en la vida. Tiempo después regresé y trabajé en fábricas, molinos y ciertas áreas de la construcción, y cuando ya no pude conseguir un empleo de ese tipo, recurrí de nuevo a las ventas.

Solía ofrecer mis servicios tocando de puerta en puerta, así comencé a podar céspedes, pero luego también vendí jabón, suscripciones de periódicos y libros de Navidad. Volví a vender, también tocando puertas, y me pagaban por comisiones. La broma que hacíamos en ese entonces era que uno sólo puede comer lo que pueda cazar, así que, si no haces una venta, no comes. Es una de las motivaciones más fuertes que hay.

Comprendí que a mi ingreso lo determinaba mi capacidad de obtener resultados por los que la gente estuviera dispuesta a pagar. En los seminarios que doy en todo el mundo siempre le pregunto a la gente: "¿Cuál es su activo financiero más valioso", y luego dejo que lo piensen por un rato, porque cuando a mí me hicieron la misma pregunta la primera vez no supe qué responder. Después comprendí que tu activo más valioso es tu capacidad de generar ingresos. Pero ¿qué es en sí la capacidad de generar ingresos? Es tu capacidad de generar resultados por los que otros quieran pagar. Así que no lo olvides: la palabra más importante para tener éxito en la vida y en los negocios es *resultados*.

Ahora bien, podría parecerte que *resultados* suena muy frío, pero piensa que este concepto también lo manejas en el ámbito familiar. Criar niños felices, saludables y con confianza en sí mismos, por ejemplo, también te debe dar resultados. Construir un matrimonio de calidad también produce resultados. Ayudar en casa también. Por eso, la gente que obtiene resultados es la más respetada y estimada en todos los ámbitos.

Tu capacidad de generar ingresos es un activo, y al igual que todos los otros activos, como cualquier máquina, equipo o bienes raíces que generen retornos, puede apreciarse o depreciarse. Si logras que este activo se aprecie, tu valor aumentará día con día.

Hace poco la revista *Fortune* publicó un artículo sobre una mujer que trabajó 46 años para ellos, y que se retiró a los 70 y tantos. Como era una de las personas más estimadas del equipo, organizaron varias fiestas para despedirse de ella. Cuando le preguntaron por qué creía haber sido tan valiosa durante tantos años para una empresa como *Fortune*, contestó: "Porque tomé la decisión de nunca irme a dormir en la noche sin ser más capaz que cuando desperté esa mañana. Todos los días trataba de aprender algo que me ayudara a desempeñar mejor mi trabajo".

Durante su carrera, esa mujer realizó entrevistas con los directores ejecutivos de las empresas de la lista *Fortune 500*, con presidentes de organizaciones y con otros líderes financieros importantes del mundo. Podía llamarle por teléfono a Warren Buffett, Bill Gates o cualquier otra persona del ámbito financiero, y todos atendían su llamada porque la estimaban mucho. Eso es capacidad de generar ingresos. Cuando le preguntas a la persona común: "¿Qué hiciste hoy para incrementar tu valor, tu capacidad de obtener resultados o tu habilidad para añadir valor a tu ámbito?", la mayoría se queda pasmada.

Einstein decía que la mayor fuerza del universo es la compuesta. Componer o combinar elementos permite que cada vez que hagas algo para aumentar tu habilidad, esto se sume a la información que ya posees, y tarde o temprano todos los fragmentos de información empiecen a mezclarse. Estoy hablando de la *ley de la inteligencia integrativa*. Todos los elementos de inteligencia empiezan a integrarse y a formar un modelo, diseño o plantilla que te permite detectar oportunidades no vistas hasta entonces, para crear o amasar riqueza.

A veces un solo fragmento nuevo de información transforma todo porque conecta los datos que has reunido durante un periodo prolongado. De repente todo cobra sentido y tienes un nuevo producto o idea capaz de transformar la situación.

Piensa, por ejemplo, en Steve Jobs y Apple. Jobs tuvo la idea de fabricar el iPod, pero, excepto por el aspecto del acceso a la música, toda la tecnología necesaria para hacerlo ya existía y otras empresas ya se la habían vendido al público. Lo que él hizo fue crear un nuevo modelo de negocios. Hoy en día hay 55 modelos distintos de negocios, pero si trabajas bajo un modelo incorrecto, en algún momento tu empresa estará a la deriva, y muy probablemente terminará en bancarrota. Los modelos de negocios cambian con tanta velocidad que más de 80% de las empresas tienen modelos obsoletos y han quebrado de manera parcial o total. Hablo incluso de empresas de la lista *Fortune 500*.

El nuevo modelo de negocios incluye todos estos factores y los adhiere a una plantilla que hace que de repente todo se transforme. Google es el ejemplo perfecto. Primero se les ocurrió la idea para buscar, luego combinaron cientos y, después, miles de computadoras y le ofrecieron al público la idea de buscar información de manera gratuita. En el sitio de internet, la gente podía comprar un producto o servicio, y Google rastreaba con algoritmos el tipo de cosas que le interesaba a cada persona. De esa manera generaban los anuncios *pop up*. Y así fue como Google forjó, con un nuevo modelo de negocio, una de las empresas más valiosas del mundo.

El modelo de negocios del que hablo era un modelo gratuito. Le ofrecían a la gente los mejores servicios del mundo sin cobrar un centavo, y mientras los usuarios estaban ahí Google aprovechaba para mostrarles algo que les ayudaría a ser más productivos.

Tu capacidad de generar ingresos es lo más importante de todo, y como todo activo relevante, puede apreciarse o depreciarse. El entrenador de basquetbol Pat Riley en una ocasión dijo que uno sólo puede mejorar o empeorar: nadie permanece en el mismo nivel. Toda nueva habilidad que desarrolles te servirá para subir más en la escalera hacia la capacidad de generar ingresos. Toda nueva habilidad te hace valer más desde la perspectiva económica. Cada vez que aprendes una nueva habilidad asciendes un poco más y tu capacidad de ganar dinero aumenta. Si continúas subiendo por la escalera, todo mejora.

Fíjate en las personas a las que mejor les pagan hoy en día. Son gente que continúa ascendiendo y aumentando sus habilidades todos los días, cada semana de cada mes. Nunca dejan de aprender nuevas habilidades ni de volverse más valiosos. Por esta razón, muchos empresarios están ansiosos por sacar dinero de su bolsillo y pagarles a esas personas millones de dólares en bonos para que acepten empleos a nivel senior, o están dispuestos a ofrecerles millones en acuerdos de liquidación en caso de que tengan que dejar la empresa por alguna razón. Por eso algunas personas ganan muchísimo dinero.

La pregunta que debes hacerte todos los días es: "¿Qué hice hoy para aumentar mi capacidad de obtener ingresos, para aumentar la calidad y la cantidad de resultados que puedo ofrecerles a quienes estén dispuestos a pagarme por esa mejoría?" Si te mantienes enfocado de una manera intensa en los resultados, notarás una extraordinaria diferencia en tu vida.

DAN

Brian, dinos cuál es tu definición personal del dinero. Háblanos de la manera en que pasar del papel moneda al dinero digital ha servido para demostrar que éste no es un objeto o una posesión, sino sólo un medio de intercambio de valor. Dinos de qué manera podría esto cambiar la perspectiva de cualquier persona respecto al dinero y a la manera de gastarlo. Algunos dicen que es una energía o reflejo de tu fuerza vital. ¿Tú estás de acuerdo o en desacuerdo con eso? ¿Y por qué?

BRIAN

El gran problema en el caso del dinero digital, el dinero en tarjetas de crédito, el que está guardado en bancos y todo eso, es que la gente en realidad no maneja sus facturas o cuentas, y esto la desvincula de la noción de cuánto dinero está gastando.

Es algo que he visto con mis hijos. Ellos crecieron en un hogar acomodado, así que, cuando salen y adquieren productos por su cuenta, se asustan cuando les entregan la factura. También les sucede a sus amigos. Por eso los jóvenes terminan con enormes deudas en tarjetas de crédito y empiezan a recibir notificaciones: los comercios quieren que les pagues. Poco después los intereses se acumulan y a los jóvenes les da el ataque. Les toma aproximadamente los dos o tres primeros años de la veintena darse cuenta de lo que sucede, y entonces dicen: "¡Vaya, alto!", meten freno, destruyen sus tarjetas de crédito o les ponen límites. Luego empiezan a pagar cada mes hasta recuperarse.

Por supuesto, a las empresas de tarjetas les conviene animarte a comprar a crédito y les interesa que no te des cuenta de cuánto estás gastando. Es increíble la cantidad de personas que terminan en quiebra personal cada año debido a sus deudas en tarjetas de crédito. La razón más común para los divorcios en Estados Unidos, en especial entre los matrimonios jóvenes de veintitantos y treinta y tantos años, son los problemas económicos. Alguien en la pareja gasta mucho porque piensa: "Bueno, es sólo una tarjeta de crédito", y ordena algo en internet, lo cual, por cierto, es otro hábito terrible, porque al comprar en línea estás doblemente desvinculado de la realidad. Le das clic a un botón, ordenas algo, el producto llega a tu puerta, y un par de semanas después te llega la factura. "¿Quién compró esto? ¿Qué sucedió aquí? Vaya, no estaba pensando en realidad, sólo me dejé llevar."

Cuando la gente termina profundamente endeudada y se somete a una consolidación de deuda, lo primero que recomiendan los asesores es destruir las tarjetas de crédito o consolidar todo en una sola y ponerle un límite mensual para no poder gastar más. La tarjeta se usa rara vez y la gente tiene que empezar a pagar todo en efectivo. Empezar a sacar dinero en efectivo de tu bolsillo es un fenómeno increíble porque te ayuda a darte cuenta de que es dinero que ganaste. Es tu salario por hora. De repente te queda clarísimo cuánto estás gastando y dejas de hacerlo.

El mero hecho de tener que pagar en efectivo salido de tu bolsillo te hace mucho más consciente de los gastos. Éste es el gran desafío que enfrenta la gente hoy en día.

El dinero y el tiempo son intercambiables en cierto sentido: los puedes gastar o los puedes invertir. Si *gastas* dinero o tiempo, se va para siempre y no puedes recuperarlo jamás. Si lo *inviertes* en algo que te produzca beneficios a futuro, puedes recibir los beneficios para el futuro indefinido. Yo siempre digo que la mejor manera de invertir tu tiempo y tu dinero es aumentando tu capacidad de generar ingresos. Warren Buffett es el inversionista más exitoso de todos los tiempos. Comenzó con dos mil dólares y ahora sus empresas valen 350 mil millones. Berkshire Hathaway es la tercera o cuarta empresa más importante en Estados Unidos, pero el año pasado Buffett generó 25 millones con sus empresas de manera general.

Hace poco le preguntaron: "Señor Buffett, usted es el inversionista más importante de todos los tiempos. ¿Cuál diría que es hoy en día la mejor manera de invertir?" Buffett contestó sin titubear que la mejor inversión era uno mismo: invertir en ser más valioso y generar más dinero del que produces ahora.

En Nueva York se realizó un estudio en el que se les preguntó lo siguiente a mil personas versadas en aspectos financieros: "Si tuviera 100 mil dólares acumulados, ¿cuál sería la mejor manera de invertirlos?" El consenso fue: "Reinvertirlos en volverme aún más competente en la habilidad que me permitió obtener ese dinero en primer lugar".

Si inviertes en la bolsa de valores, en bienes raíces o en cualquier otra cosa, tu inversión puede subir o bajar de valor porque estará a merced de cientos de factores. El éxito lo determinan el mercado, los expertos en inversión, la competencia, etcétera. En cambio, si inviertes en ti mismo, el 100% de la inversión te pertenecerá para siempre y obtendrás 100% de retorno. Puedes controlar y dirigir la inversión de tu tiempo y dinero para aprender materias que te sirvan para mejorar y aumentar tus resultados más importantes desde ahora. Si haces esto, estarás realizando la mejor inversión posible.

No me canso de repetirlo: la mejor inversión consiste en aumentar tu capacidad de generar ingresos, y en ser más valioso cada día.

DAN

Hay un gran malentendido respecto a por qué a algunas profesiones se les paga cierta cantidad a pesar de que parecen ser muy relevantes en nuestra sociedad. A los trabajadores sociales, por ejemplo, que trabajan con ancianos, y a los maestros, se les paga relativamente poco en comparación con los abogados, los cabilderos y quienes se desempeñan en la banca de inversión. ¿Por qué a las personas en áreas mucho más admiradas se les paga menos que a quienes tienen profesiones menos bien vistas?

BRIAN

La ley de la oferta y la demanda es una de las más importantes en lo referente al trabajo. Si hay algo que tiene gran demanda, pero poca oferta, el precio aumenta, y viceversa. Earl Nightingale resumió este fenómeno hace muchos años cuando dijo que siempre se te paga en proporción directa a lo que haces, cuán bien lo haces, y cuán difícil o sencillo sería remplazarte. Si eres una estrella deportiva puedes negociar contratos de 100 millones de dólares porque no hay nadie como tú, no hay nadie que pueda anotar como tú y conseguir contratos con cadenas televisivas. Te van a pagar 100 millones porque puedes anotar goles y encestar con precisión. Piensa en Michael Jordan, el hombre de los miles de millones de dólares.

Si pensamos en otras profesiones, verás que, aunque son empleos útiles para la sociedad, la gente puede ser remplazada con facilidad porque hay otros cientos de miles, o millones de personas que pueden realizar las mismas labores. Son empleos con una exigencia baja de habilidades, para realizarlos no se requiere un esfuerzo mental demasiado grande. La gran desgracia es que eso le permite a la gente "nadar de muertito" sin hacer gran esfuerzo, lo cual te lanza en una sola dirección.

Mucha gente acepta empleos mediocres que no exigen habilidades. Hace poco vi a una mujer quejándose y exigiendo que le pagaran 15 dólares por hora. Tiene 34 años, siete niños, gana ocho dólares por hora en un restaurante de comida rápida y ahora exige que le paguen casi el doble. Ve la edad que tiene y nunca ha movido un dedo para aumentar el nivel de sus habilidades para valer más, sin embargo, ahora exige que le paguen lo que nadie está dispuesto a darle porque su contribución a la sociedad es demasiado baja.

Si el valor de tu contribución es elevado, siempre habrá otro empleador dispuesto a pagarte más de inmediato. De hecho, una de las maneras en que los empleadores contratan buen personal es averiguando quién tiene buen desempeño en otras empresas. Contactan a esas personas y les ofrecen un aumento de sueldo para que vayan a trabajar a su empresa. Aproximadamente 85% de los empleos son intercambiados de esta manera, con los salarios más elevados. La gente te paga más dinero para que trabajes con ella.

La manera más rápida de obtener un aumento consiste en hacer tu trabajo tan bien que tu jefe te quiera pagar lo suficiente para que no te vayas a trabajar a otro lugar porque alguien te ofrece un salario más elevado. Así es como funciona la oferta y la demanda.

Te daré un ejemplo. Durante la recesión, Citibank recibió recursos del gobierno para su rescate financiero. En este contexto, se descubrió que le estaban pagando 100 millones de dólares anuales a un corredor de *commodities*. Los ejecutivos tuvieron que presentarse ante un comité del Congreso que les preguntó: "Cómo se atreven a aceptar dinero del gobierno si al mismo tiempo le están pagando 100 millones de dólares al año a alguien?" Y la respuesta fue: "Este hombre trabaja por comisiones y genera cuatro mil millones de dólares al año en ganancias para Citibank, porque es el corredor de *commodities* más genial del mundo. Puede intuir el momento en que los precios se moverán en una dirección en particular y de esa manera nos genera los cuatro mil millones al año, de los cuales tomamos una modesta comisión con la que le pagamos. Le damos 100 millones de dólares, es decir, 1/400 de la cantidad que produce. Ése es el trato que tenemos. Sabemos que si le llegáramos a decir que creemos estarle pagando demasiado, cualquiera de nuestros competidores que desean contratarlo actuarían y le ofrecerían en ese instante la misma cantidad u otra mayor".

Estoy hablando de una persona imposible de remplazar. Es alguien que ha pasado toda su vida aprendiendo todo sobre el intercambio de *commodities*. Además, es probable que tenga una sensibilidad muy desarrollada, una intuición que no posee nadie más. Es necesario ensamblar todo, como en el caso de los atletas de alto nivel. Tienes que hacer algo que sea más valioso, pero también tienes que hacerlo mejor que todos los demás. Necesitas desarrollar una reputación.

En mi empresa trabajan 22 personas. Yo siempre he ofrecido algo que llamo incrementos preventivos. Esto significa que nadie tiene que acercarse y decirme: "¿Me podría aumentar el sueldo por favor? Cumplí un año más aquí, ahora tengo más experiencia, ¿me podría dar un aumento?" No, aquí a todos se les aumenta el salario en cuanto su valor crece, nadie tiene que esperar un año. Si, además, resulta que esa persona está realizando un trabajo extraordinario y generando una gran cantidad de ingresos, entonces de paso le ofrecemos más dinero. No porque lo merezca, sino porque se lo ha ganado. Es sólo un porcentaje del valor adicional que está aportando a la empresa, y se lo damos porque no queremos que se vaya a trabajar a otro lugar.

DAN

¿Te parece que el dinero en efectivo, el crédito, los pagarés y el patrimonio de un negocio personal o una inversión sean formas idénticas de dinero? ¿Por qué sí o por qué no? ¿Cuál es la diferencia entre ellas?

BRIAN

El factor más importante es si producen un retorno o no. Cuando compras materia prima y contratas personal para que fabrique los productos que luego vendes para obtener una ganancia, estás invirtiendo en tu negocio. Este circuito se reproduce por fuera y de esa manera se financian todas las empresas.

Si apenas vas a iniciar un negocio, nadie te prestará dinero porque no tienes antecedentes. En una ocasión escuché a un profesor universitario decirles a sus alumnos: "Cuando comiencen su propio negocio no inviertan, utilicen sólo los recursos que les dé el banco. Es mejor que guarden su propio dinero para pagar sus gastos y conservar su estilo de vida, así que vayan a ver a su banquero, llenen una solicitud y pidan prestado".

Ese hombre es un verdadero idiota. Yo he dirigido negocios durante años y sé que el banco no te va a prestar un solo dólar si apenas vas empezando. El negocio de los bancos no consiste en arriesgar dinero, sino en hacer préstamos cuyo pago esté garantizado. Lo que tienes que hacer es demostrarles que te pueden prestar sin preocupaciones.

Yo comencé el negocio que ahora tengo hace 28 años en San Diego. Fui al banco para solicitar una línea de crédito y ésta es la conversación que tuve con el ejecutivo:

—Nos dará mucho gusto otorgarle una línea de crédito, pero tendría que ser un préstamo con garantía cruzada.

—¿Qué quiere decir con "garantía cruzada"?

—Bien, queremos un vínculo con todos sus acuerdos de regalías. Un vínculo con su casa. Queremos que deposite 50 mil dólares en una cuenta inamovible. Queremos un vínculo con su automóvil y todo su mobiliario. Queremos un colateral equivalente a cinco veces la cantidad que vamos a prestarle —me explicaron.

—¡Pero eso es una monstruosidad!

—Tómelo o déjelo —dijeron.

Así que tomamos el préstamo. Es lo único que puedes hacer cuando comienzas un negocio. Pedimos prestada una cantidad modesta y afortunadamente contábamos con un buen flujo de efectivo. A veces en verdad nos la estábamos jugando, pero con el paso del tiempo logramos generar una calificación crediticia. Poco a poco cada una de las garantías cruzadas fue eliminada, y ahora lo único que nos piden es una garantía personal.

Quienes te dicen: "Nunca des una garantía de esa índole cuando comiences un negocio", están locos de remate porque, sin eso, nadie te autorizará siquiera una tarjeta de crédito.

Si inviertes en algo como bienes raíces o una fábrica, acciones o bonos que te paguen un retorno mayor a la cantidad de dinero involucrado, podrás decir que se trata de una buena inversión. En cambio, si inviertes en cosas en las que el dinero se gasta, se pierde o tiene tasas de interés exorbitantes, como es el caso de las tarjetas de crédito, *no* es una buena inversión. Una buena inversión es algo que genera cantidades mayores al costo del dinero. Una mala inversión es algo que consume el capital y no produce retornos.

Si inviertes dinero para ganar más dinero, si inviertes dinero en algo que te dará retornos, si inviertes en una computadora y usarla te permite acelerar las transferencias tecnológicas y el desarrollar propiedad intelectual, y, como resultado, ganas dinero, entonces la computadora es una buena inversión. Te ofrece un retorno que excede por mucho el costo y la depreciación.

DAN

Explícanos la diferencia entre estos conceptos: *riqueza, libertad financiera* e *ingreso*. ¿De qué manera se relacionan? ¿Puede uno tener ingresos elevados pero poca riqueza? ¿Toda la gente que es independiente en el aspecto financiero también es rica?

BRIAN

Es una excelente pregunta. La broma relacionada con este tema dice que la mayoría de la gente que tiene ingresos elevados está a dos meses de quedarse en la calle debido a la ley de Parkinson. Esta ley dice que los gastos se elevan hasta equipararse con el ingreso: no importa cuánto ganes, siempre gastas la misma cantidad o más. El estadounidense promedio vive con aproximadamente 110% de sus ingresos, y el resto lo solventa con tarjetas de crédito, préstamos, financiamientos hipotecarios, etcétera. Es decir, se estiran lo más posible porque no cuentan con dinero en efectivo.

Después de entre 40 y 45 años de vivir y trabajar en la economía más afluente de la historia del hombre, el estadounidense promedio se jubila con un valor neto de alrededor de 41 mil dólares, más la Seguridad Social. ¿Por qué sucede esto? Porque la gente piensa que los ingresos elevados son equivalentes a riqueza. Sin embargo, sólo hay un tipo de riqueza que importa. Esto lo aprendí de un inmigrante que vino a Estados Unidos y se volvió increíblemente rico. Me dijo que el único ingreso que importaba era el proveniente de tu dinero, es decir, del que se produce gracias a tus inversiones.

Ese inmigrante me dijo que el ingreso no equivale a la riqueza. El ingreso es algo que sólo mantiene tu estilo de vida. Lo único que en verdad puede llamarse riqueza es el flujo de efectivo proveniente de otras fuentes, no lo olvides. La gente más adinerada que conozco siempre habla del flujo proveniente de otros lugares. Cuando analizan una inversión, lo cual les puede tomar hasta seis meses, lo que se preguntan es: ¿el flujo de efectivo de esta inversión será sustancialmente mayor al costo de la inversión misma y al costo del dinero? Además, ¿será mayor que si le diera al dinero un uso alternativo, si invirtiera en cualquier otra cosa?

Como podrás ver, la gente más inteligente es muy cuidadosa respecto a sus inversiones porque quiere asegurarse de que el retorno será mayor al costo de la inversión.

DAN

En tu opinión, ¿qué tan prioritario debe ser el dinero en la vida de una persona?

BRIAN

Si les preguntas a los empresarios qué significa el dinero para ellos, independientemente de si son exitosos o si les cuesta trabajo desarrollarse, de todas formas te contestarán con una palabra: libertad. Tener dinero significa ser libre. Yo solía bromear diciendo que te daba la libertad de ir a un restaurante y ordenar sin mirar la columna del lado derecho para ver cuánto cuesta cada platillo.

La gente adora la libertad. Es uno de los valores más importantes, si no es que el *más* importante de todos. Nadie siente que tiene demasiada libertad. Muchos piensan que otros sí tienen demasiada libertad y que, por lo mismo, debería legislarse para evitarlo. Piensan que debería haber impuestos, regulaciones y castigos para los exitosos, pero al mismo tiempo sienten que *ellos* deberían tener toda la libertad que desean.

La autora Barbara De Angelis formuló esta maravillosa pregunta: "¿Cuándo sabrás que tienes suficiente dinero y qué harás en ese momento?" El dinero representa libertad, tratemos de ver cuánto necesitarás para sentirte libre por completo. A la gente que toma mis programas de entrenamiento de negocios la obligo a definir su cifra. ¿Cuál es tu cifra? ¿Qué cantidad necesitas obtener en bienes y flujo de efectivo, mensual y anual, antes de detenerte?

Los millonarios que amasaron sus propias fortunas pasan mucho tiempo pensando la respuesta a esta pregunta: ¿cuánto dinero necesito para poder mantener el estilo de vida que deseo y qué haré cuando lo obtenga? Luego se enfocan en su cifra y sacrifican mucho a corto plazo para poder acumular esa cantidad de valor neto y producir la cantidad de ingresos que les permitirá ser libres a ellos, sus hijos y su familia entera.

No van a dejar de trabajar, pero ésa será su frontera. A partir de entonces podrán involucrarse en la filantropía y otras actividades, y limitarse. En la primera parte de tu vida, sin embargo, debes volcar toda tu pasión en el objetivo de ser libre en lo económico, y debes hacerlo mientras tengas el nivel más elevado de energía, motivación, ambición y oportunidad.

DAN

¿Puedes hablarnos de algunos de tus modelos o mentores que más te enseñaron respecto al dinero? Danos una descripción breve de cada uno y cuéntanos sobre la lección clave que recibiste de ellos.

BRIAN

A lo largo de los años he estudiado libros, artículos y entrevistas escritos por y sobre miles de personas exitosas: millonarios y multimillonarios, algunas de las personas más ricas de todos los tiempos. Muchos de ellos comenzaron con las manos vacías.

El hombre más rico en la historia fue en realidad un banquero alemán que se llamaba Jacob Fugger. Se le consideraba el hombre más adinerado de su tiempo, el hombre más rico de la Europa renacentista. Empezó con muy poco, pero luego empezó a comerciar. Era muy buen mercader y muy buen prestamista, sabía usar muy bien los recursos y apoyaba con vigor los proyectos comerciales, entre otras cosas. Toda su filosofía se basaba en la frugalidad, el cuidado, la precaución, la precisión, y el ser estricto con el dinero. Así se convirtió en el hombre más rico de Europa.

Los Rothschild comenzaron como una familia modesta y se convirtieron, primero, en la dinastía bancaria más rica de Europa, y luego, en una de las familias más ricas de Estados Unidos. Llevo años estudiando a esta gente.

A veces, por ejemplo, puedes leer libros enteros sobre la familia Rockefeller, y sacar de ellos una sola idea crítica. La idea principal de John D. Rockefeller, quien llegó a ser el hombre más rico del mundo, era la frugalidad. Frugalidad, ahorrar y disminuir el precio de las materias primas que le ofrecía al consumidor: petróleo y gasolina. Lo llamaban Barón Ladrón. Sacó a sus competidores del negocio y virtualmente controló todo el mercado del petróleo y la gasolina en Norteamérica.

Después, sus oponentes trajeron a los destructores de fortunas e hicieron quebrar su empresa. ¿Cuál fue su gran pecado? Usar de manera continua las economías de escala para disminuir el costo del petróleo y la gasolina usados como combustible para los automóviles, la iluminación y todo lo demás, y evitar de esa manera que alguien más pudiera ofrecer estos productos a un precio más bajo que el suyo. Lo único que hizo fue beneficiar a los clientes, pero sus competidores consideraron que sus prácticas eran terribles, así que se unieron y le pagaron al gobierno para que creara leyes que destruyeran su empresa.

Esta gente fragmentó la empresa de Rockefeller en cinco empresas petroleras principales llamadas "las cinco hermanas", que llegaron a ser las más importantes del mundo. Los competidores siguieron sin poder vencerlas porque los precios continuaron bajando.

Éste es el tipo de información que retienes. Si quieres tener éxito en los negocios debes satisfacer a los clientes y darles lo que desean más rápido, con mayor facilidad y a precios más bajos que todos tus competidores. No puedes dejar de hacerlo, no puedes detenerte. Ésta es una de las lecciones financieras más importantes; más adelante hablaremos de ella con mayor detalle.

DAN

Brian, ¿cuál es el mayor malentendido de la gente respecto al dinero y cómo podría corregirse?

BRIAN

La Universidad de Harvard llegó a la conclusión de que la cualidad más importante de la gente exitosa en el aspecto financiero era la *perspectiva a largo plazo*. En nuestra economía actual hay personas impacientes por obtener gratificación inmediata, y eso está matando su esperanza y sus sueños. Tener una perspectiva a largo plazo significa tomar decisiones a corto plazo que producirán las mayores recompensas en el futuro, lo cual, a su vez, implica trabajar arduamente, ahorrar dinero e invertirlo con mucha atención. Es importante acumular el dinero y hacerlo crecer gracias al milagro del interés compuesto, tema al que también volveremos más adelante.

Actualmente, 65% de los adultos estadounidenses piensan que la única manera en que podrán retirarse siendo independientes es ganando la lotería. La mayoría piensa que el éxito financiero es un juego de dados, y por eso idolatran a Mark Zuckerberg, quien se convirtió en millonario a los veintitantos. La gente no entiende que Zuckerberg es sólo una de millones de personas que echaron a andar un proyecto. En su caso, todo se alineó: la llegada de internet, el nacimiento del procesamiento de datos y la apertura de las redes sociales. Todo se puso a su disposición en un momento determinado.

Otras personas también han generado cientos de millones y miles de millones de dólares, pero son extremadamente raras. La mayoría gana su dinero trabajando duro, añadiendo valor, ahorrando, invirtiendo con cuidado y permitiendo que el dinero se acumule con el paso del tiempo.

Capítulo 2

Los mitos sobre el dinero

Antes de empezar a explicar las leyes del dinero necesitamos aclarar toda una serie de ideas erróneas, verdades a medias y descaradas mentiras sobre el tema. Si alguna de estas nociones permaneciera en el fondo de tu mente, podría tentarte a tomar un camino equivocado que, en lugar de llevarte a la riqueza, te guiará a un callejón sin salida. Brian les llama a estas ideas falsas *los mitos sobre el dinero*. En este capítulo describirá la idea base detrás de cada uno y luego lo explicará en detalle.

DAN

Brian, comencemos este capítulo discutiendo la idea base de todos los mitos del dinero: la noción de que es posible obtener algo a cambio de nada. Discutamos por qué esta noción viola la ley científica de causa y efecto, y veamos cómo puede hacernos perder años vagando por caminos falsos que solamente llevan a sueños rotos y cuentas bancarias vacías.

BRIAN

La gente vive en la pobreza a lo largo de toda su vida debido a muchas razones. La *ley de la creencia* dice que todo en lo que creas con pasión se convertirá en realidad. Mucha gente cree cosas respecto al dinero que son imposibles. En *Alicia en el país de las maravillas* la protagonista le dice al Sombrerero: "Es imposible que creas eso. Es imposible", y el Sombrerero le responde: "No. He desarrollado la habilidad de creer por lo menos dos cosas imposibles cada día antes del desayuno".

Una cantidad asombrosa de gente cree cosas que, sencillamente, no son verdad. El humorista Josh Billings solía decir: "Lo que lastima a un hombre no es lo que sabe, sino lo que sabe que no es verdad", una noción fatal para el éxito financiero.

Me gustaría comenzar hablando de la más importante de todas las leyes, la que en realidad define todo lo que te sucede. Antes de Jesucristo, 350 años para ser exactos, el gran filósofo y pensador griego Aristóteles formuló el principio de la causalidad. Es lo que hoy conocemos como *ley de causa y efecto*. En un tiempo en que toda la gente creía en dioses, milagros, la suerte y ese tipo de cosas, Aristóteles dijo: "No, vivimos en un universo ordenado en el que todo sucede por una razón. Por cada efecto existe una o varias causas específicas". Si deseas lograr un efecto debes ser muy claro respecto al mismo y luego rastrear las causas que llevaron a conseguirlo.

Así que si quieres duplicar tus ingresos, busca a alguien que gane lo doble que tú, luego rastrea su historia hasta descubrir qué hizo para llegar a ese nivel. Verás que toda la gente que gana lo doble que tú ahora, en algún momento ganó la mitad, por lo que seguramente hizo cosas específicas.

Si les preguntas, te dirán qué hicieron. Si no los conoces en persona, lee sus libros, artículos y entrevistas, y te lo dirán de esa forma. La gente que gana mucho dinero es generosa en este sentido y comparte con otros la información sobre cómo lo logró. Con base en la ley de causa y efecto, te puedo decir que si haces lo mismo que han hecho otras personas exitosas una y otra vez, obtendrás los mismos resultados.

Vivimos en un mundo gobernado por leyes, no por el azar. No es suerte, no es coincidencia. La ley de causa y efecto dice que todo sucede por una razón. Todo efecto tiene una causa, es la ley de hierro del destino humano. Indica que todo pasa por algo, sepamos qué es o no. Es una ley y eso significa que puedes controlar tu futuro.

Cada efecto, éxito o fracaso, riqueza o pobreza, tiene una o varias causas específicas. Toda causa o acción tiene un efecto o consecuencia de uno u otro tipo, lo veamos o no, nos agrade o no. Sir Isaac Newton, considerado el físico más importante de la historia, le llamó *ley de la acción y la reacción*. Newton dijo que por cada acción hay una reacción igual y opuesta, y que esto es una ley del universo.

Dicho de otra manera, si añades valor, recibes valor: acción y reacción. Si no contribuyes valor, no lo obtienes a cambio. No puedes violar las leyes de la naturaleza. Napoleon Hill, autor de *Piense y hágase rico*, dijo que nunca se debe tratar de violar las leyes de la naturaleza y esperar ganar.

Esta ley de causa y efecto indica que cualquier logro, riqueza, felicidad, prosperidad y éxitos son el efecto o resultado, directo o indirecto, de causas o acciones específicas. Earl Nightingale solía decir que nadie se sentaría frente a la estufa y diría: "Primero dame calor y luego pondré algo de leña". Las cosas no funcionan así. Primero debes colocar la leña y luego se produce el calor. Primero das algo, luego tomas algo.

Sería como si el granjero le dijera a la tierra: "Dame una cosecha y después sembraré las semillas". El mundo está lleno de gente que dice: "Si quieres que trabaje más, tienes que aumentarme el sueldo". Pero no es así, primero trabajas con más ahínco y generas más, y luego, de manera inevitable, tu jefe te aumentará el sueldo, y si no, alguien te ofrecerá más dinero.

Esta ley te permite entender que si logras ser claro respecto al efecto o el resultado que deseas, lo más probable es que lo obtengas. Puedes estudiar la vida de otras personas que hayan cumplido el mismo objetivo, hacer lo mismo que ellos, y obtener los mismos resultados. Yo doy cursos de negocios en todo el mundo. Enseño algo que llamo "MBA en dos días" (*Master in Business Administration*), luego el "DBA en dos días" (*Doctor of Business Administration*), y después imparto un curso llamado "Reinvención del modelo de negocios". Todos estos cursos se basan en principios probados y establecidos que la gente ha ido descubriendo al construir negocios exitosos. Viajo por el mundo como Juanito Manzana, el personaje que plantaba semillas de manzanas e iba dejando huertos de manzanales detrás de sí. La gente regresa a verme un año después y me cuenta que transformó su negocio, que dejó de hacer aquello y que empezó a hacer esto otro. Son estrategias de las que nunca habían oído hablar, pero que implementaron y les ayudaron a transformar su empresa.

Algunas personas cambian sus negocios 500%. Hace poco estuve en Helsinki, y me encontré con un hombre que había asistido a mi seminario el año anterior. Me dijo que después de eso regresó a casa y cambió su modelo de negocios por completo. Eso le permitió incrementar sus transacciones 50% en 12 meses. Pasaron de ser una *startup* en problemas a ser una de las empresas más exitosas de su país. Es un logro fenomenal.

Este hombre usó la ley de causa y efecto. Hay ciertas causas que pueden provocar este tipo de resultado. Los participantes del negocio no habían estado haciendo este tipo de cosas, y les asombraba no obtener los resultados deseados en cuanto a incremento de ventas y rentabilidad.

Cuando identifiques las causas y las implementes en tu propia vida y tus actividades, obtendrás los mismos resultados que otros cientos de miles, e incluso millones de personas. Por cierto, te daré un dato interesante: en 1900 había cinco mil millonarios en el mundo. Cuando empecé a estudiar este tema, en la década de los ochenta, había un millón, y la mayoría estaba en Estados Unidos. Para el año 2000 ya había siete millones. Hoy en día hay 10 millones y esta cifra continúa creciendo entre 10 y 12% al año, así que te puedo decir que millones de personas han comenzado con nada en las manos, pero se han vuelto millonarias trabajando de cierta manera.

Si sólo una persona se hubiera vuelto millonaria, podrías decir que fue un accidente, el azar. Si hubieran sido dos, podrías decir que fue coincidencia. Sin embargo, si millones de personas de todo tipo de origen, con todo tipo de antecedentes y limitaciones que te puedas imaginar, lo lograron, entonces es obvio que existen algunas leyes y principios que funcionan.

Si puedes estudiar a otras personas que han logrado el mismo objetivo, puedes conseguir los mismos resultados. Puedes acumular cualquier cantidad de dinero que desees, sólo tienes que imitar a otros que han hecho lo mismo. De lo contrario, no tendrás nada, tan sencillo como eso.

Una de las cosas que he aprendido en la vida es que la naturaleza es ciega, no le importa nada, no es como si hubiera un gran poder en el universo que deseara ofrecerte un gran éxito. La naturaleza es más bien neutral. Al igual que la justicia, con los ojos vendados, te hace saber que si haces lo que han hecho otras personas exitosas obtendrás resultados, y si no, no.

Francamente, me sentí muy ofendido la primera vez que escuché eso, pero ahora creo que es la mejor garantía para el éxito. Puedes ser un tonto, puedes ser alto o bajo, negro o blanco, tener educación o no, puedes ser inmigrante o tener una familia que ha estado aquí por generaciones, no importa. Por eso, toda la gente quiere ir a Estados Unidos, Australia, Nueva Zelanda, Inglaterra y Finlandia, porque son países con ética empresarial donde puedes empezar sin nada y, aun así, alcanzar el éxito. Cada vez que voy a estos lugares encuentro gente que llegó de la India o China, personas de todo el mundo que ahora son millonarias porque llegaron e hicieron lo mismo que los empresarios exitosos.

La expresión más relevante de esta ley universal de causa y efecto es el hecho de que los pensamientos son causas y las condiciones son efectos. Para decirlo de otra forma, el pensamiento es creativo. Tus pensamientos son la fuerza creativa primigenia en tu vida, tu manera de pensar te permite crear tu mundo entero. Toda la gente y las situaciones fueron creadas a partir de tu pensamiento, y por eso, a veces tu vida puede cambiar en segundos cuando modificas tu manera de pensar.

El principio más importante del éxito personal o empresarial radica en esta noción: te conviertes en aquello en lo que piensas la mayor parte del tiempo. Éste era el secreto más peculiar de Earl Nightingale, pero también se menciona en la Biblia: "Tal como piensa el hombre dentro de sí, así es". Todo va de acuerdo con tus pensamientos o tu fe, incluso Emerson lo dijo en 1858: "La persona se transforma en lo que piensa todo el día".

El gran principio indica que tu mundo exterior es reflejo de tu mundo interior, es decir, lo que determina cómo te sientes y reaccionas no es lo que te sucede, sino la manera en que *piensas al respecto*. El mundo exterior no es lo que define tus circunstancias o condiciones, lo que las determina es lo que hay en tu interior.

De manera particular, la manera en que piensas respecto al dinero y a tu situación financiera será lo que determine en gran medida tus circunstancias. Quienes provienen de hogares acomodados tienen mucha mayor probabilidad de triunfar porque crecieron rodeados del éxito económico, es lo que siempre han visto y escuchado, por eso su visión del mundo incluye la idea de que si trabajas con ahínco y aportas valor, también puedes alcanzar el éxito.

Otro punto relevante respecto a este principio, el cual también tiene que ver con el hecho de que la gente fracase, es la envidia, uno de los peores vicios. La envidia y el resentimiento son como hermanos gemelos, siempre andan por ahí tomados del brazo. Si envidias a otros, también les guardas resentimiento, y si les guardas resentimiento, sientes deseos de lastimarlos o hacer que fracasen.

Hay toda una filosofía política dirigida a quienes envidian y les guardan resentimiento a los triunfadores. Esto es lo que sucede: en cuanto envidias a gente más exitosa, en cuanto desarrollas un resentimiento, de manera automática se forma un campo de fuerza negativa en tu interior. Este campo de fuerza elimina cualquier probabilidad de que triunfes o seas feliz a menos de que lo hagas de manera deshonesta o te ganes la lotería.

El hecho de envidiar a otros, de tenerles resentimiento, criticarlos, atacarlos o participar en chismes negativos, no tendrá ningún impacto en ellos. Ni siquiera saben lo que estás haciendo y, para ser franco, no les interesa. Todas estas actitudes pueden destruir tu esperanza y tus sueños de alcanzar el éxito. Nunca te permitas participar en una conversación en la que otros critiquen a gente exitosa o en la que se digan cosas como: "Sí, claro, tal vez fulanito sea rico, pero no es feliz".

La gente rica ha estudiado mucho, y algo que te puedo asegurar es que es muy feliz. Son felices porque, comparados con las oportunidades que se les presentan, sus problemas son menores. Por todo esto, sugiero que elogies y admires a las personas exitosas. Aprende y habla bien de ellas, permite que su éxito te dé gusto. De esa manera empezarás a formar un campo de energía positiva que atraerá oportunidades y te ayudará a ser como ellos.

La gente dice que tu ingreso será el equivalente al ingreso promedio de las cinco personas con las que pases la mayor parte del tiempo. Sea o no verdad, creo que es una buena manera de pensar. Tu valor neto promedio será el valor neto promedio de aquellos con quienes te involucres. ¿Por qué? Porque empezarás a desarrollar la misma forma de pensar y las mismas actitudes.

Napoleon Hill dijo que el principio más importante que se podía aprender respecto al éxito era el de *Mastermind* o Mente maestra. Este principio tiene como base la costumbre de reunirse de manera regular con otras personas que también desean ser exitosas para hablar sobre lo que han aprendido y leído, sobre lo que les funciona y lo que han descubierto, entre otras recomendaciones.

Las reuniones *Mastermind* permiten una especie de fertilización mental entre los participantes, por lo que todos piensan de manera positiva respecto a los otros y a sus propias posibilidades. El sistema *Mastermind* parece ser un factor capaz de desencadenar riqueza impensable. Te empiezas a relacionar con otras personas que están a tu mismo nivel o a un nivel más elevado, y de pronto te vuelves como ellas. Yo podría contar anécdotas fenomenales sobre grupos *Mastermind*.

Todo aquello en lo que crees con pasión se vuelve realidad, el único gran desafío son los pensamientos limitantes, es decir, cuando pensamos que estamos limitados de una o varias maneras. A mí lo que me mantuvo rezagado durante años fue que mucha gente me decía que quienes no se gradúan de la preparatoria y asisten a la universidad no tienen éxito. Yo tuve que dejar la preparatoria porque no pasé los exámenes.

Durante varios años trabajé como empleado y acepté mi destino. Si perdía un empleo de este tipo sólo salía a buscar otro igual. Si perdía mi trabajo lavando trastes, conseguía uno lavando automóviles, si perdía el del lavado de automóviles, conseguía uno en el área de la construcción, en servicios de mantenimiento, como peón apilando leña en una maderería u obrero atornillando tuercas en alguna fábrica. Sólo buscaba este tipo de empleos porque me habían dicho que si no contabas con estudios, no podía irte bien en la vida.

Acepté este destino hasta que un día decidí comenzar desde abajo en el área de ventas y por fin tuve éxito. Empecé a hacer mucho dinero, incluso más que ciertos conocidos que habían estudiado y tenían títulos de las mejores universidades. De repente me di cuenta de que me habían metido ideas equivocadas en la cabeza.

Hace más de 30 años empecé a enseñar en mis seminarios todo sobre el punto de inicio del éxito. Este punto de inicio consiste en cuestionar las creencias que te hacen limitarte a ti mismo. Hay una historia interesante al respecto. Un día, el diablo estaba mostrándole el infierno a una persona como si fuera un turista. Le mostró las técnicas que usaba para lograr que la gente terminara ahí: codicia, deshonestidad, alcoholismo, adicción a las drogas y crimen. Éstas son las formas en que el diablo destruía a la gente en la Tierra para hacer que fuera directo al infierno al morir.

El diablo lleva al visitante a una habitación especial que está en tinieblas. En medio hay un exhibidor como los de los joyeros. Hay una luz que brilla sobre un artículo que está en el interior; el objeto parece una de esas cuñas que pone uno debajo de la puerta para mantenerla abierta. El diablo le dice al visitante: "Ésta es mi herramienta favorita; trae al infierno más gente que cualquier otro factor de la vida humana". El visitante pregunta: "¿De qué se trata? Parece una cuña para la puerta". El diablo contesta: "No, no, no, es la cuña de la duda. En cuanto logro colocar esto en la mente de una persona, ésta empieza a dudar de sí misma y de su capacidad de ser exitosa y disciplinada, de trabajar o ahorrar dinero. Si logro que la persona dude de sí misma, queda indefensa y tarde o temprano termina reuniéndose aquí en el infierno conmigo por toda la eternidad".

La duda es un pensamiento limitante, pero si logras darte cuenta de que puedes vencer este y cualquier otro pensamiento del mismo tipo, podrás cambiar tu vida. En mis seminarios le digo a la gente: "Imagina que hay una tienda de creencias. Puedes entrar y comprar cualquier creencia e insertarla en el programa maestro de tu inconsciente. Si pudieras adquirir cualquier creencia, ¿cuál preferirías comprar?" La respuesta es: "La creencia de que tendré éxito en la vida". Insértala y no dejes de repetirte esto: "No importa lo que suceda; voy a tener un éxito enorme".

Busca todos los rastros de evidencia. Alguien te hace un cumplido porque hiciste algo bien, entonces puedes decirte: "Es cierto; estoy en el camino hacia el triunfo en la vida". Cuando lees un libro y encuentras una idea sobre cómo ser más exitoso y establecer objetivos, di: "Sí, esto es parte de mi plan; voy a tener mucho éxito".

Cuando W. Clement Stone falleció, su valor neto era de 800 millones de dólares, el equivalente a varios miles de millones de dólares en la actualidad. Clement Stone comenzó con las manos vacías: vendía periódicos en la calles de Chicago. No tenía padre; su madre se hacía cargo de él. Luego creció y le enseñó a la gente cómo volverse un paranoico a la inversa. Para empezar, un paranoico es alguien que cree que todo forma parte de una conspiración para lastimarlo y hacerlo fracasar. Hay mucha gente paranoica, gente con una mentalidad catastrófica. No importa lo que suceda, siempre piensan en el peor resultado posible; es muy común en personas a las que criaron de cierta forma.

Stone dijo que, en lugar de eso, cada vez que algo salga mal debes imaginar que hay una conspiración masiva allá afuera, pero no para dañarte, sino para hacerte tener éxito. Siempre que te suceda algo, piensa en ello y di: "Qué bueno que pasó esto.

Me pregunto qué elemento de este suceso podría aprovechar para ser más exitoso. Porque, claro, voy a triunfar en la vida".

Esto lo aprendí hace muchos años, incluso antes de ser conferencista. Cuando nacieron mis hijos, uno poco después del otro, decidí motivarlos; en cuanto pudieron entender un poco de inglés, empecé a decirles: "Por cierto, vas a tener mucho éxito en la vida". Continué repitiéndoles lo mismo, y lo sigo haciendo hasta la fecha: "Tendrás un éxito fenomenal".

Por supuesto, a medida que fueron creciendo empezaron a preguntar: "De acuerdo, ¿pero haciendo qué y cómo? No lo sé, ¿qué tendré que hacer?" Y yo sólo les dije: "No te preocupes: vas a probar muchas actividades, lo importante es que tendrás mucho éxito".

Les repetí esto sin cesar porque sé que cuando los niños son pequeños la influencia de los padres es enorme. De hecho, tus mensajes pueden ir más allá de su mente consciente, albergarse en el inconsciente y hacerlos actuar de forma automática, así que yo sabía bien lo que estaba haciendo. Continué repitiéndoles lo mismo, y ahora que son adultos, todos mis hijos están convencidos de que triunfarán en la vida. Trabajan mucho, son gente honesta, son populares, amigables, positivos, nunca tienen pensamientos pesimistas, nunca se deprimen. Son felices y están profundamente involucrados en su trabajo y sus actividades; les va bien porque desde que eran niños los programé con el mensaje de que, sin importar lo que sucediera, ellos tendrían éxito. Esto anula y cancela cualquier fracaso o dificultad temporal que puedan tener.

Así que, si tener éxito económico es uno de tus objetivos, hay un principio científico que indica que debes creer de manera absoluta que lo lograrás. Piensa que todo lo que te sucede es parte de una gran conspiración del universo para hacerte triunfar. Así empezarás a decir: "Vaya, encontré un obstáculo, pero me ayudó a aprender una lección".

Mucha gente joven empieza negocios y termina quebrando, el negocio fracasa de manera rotunda y el joven empresario pierde todo su dinero. Es muy común. Y cuando lo ven en retrospectiva, pueden pensar: "Gracias al cielo terminé en bancarrota y perdí todo mi dinero. Si eso no hubiera sucedido, todavía seguiría batallando con esa empresa. Tal vez han pasado algunos años, pero el éxito sigue ahí. Ahora soy muy rico gracias a ese terrible suceso del pasado".

Esta manera de pensar es esencial para superar el mito de que tienes limitaciones. El hecho es que nadie es mejor ni más inteligente que tú. Dentro del margen de lo razonable, cualquier cosa que hayan hecho los otros la puedes hacer tú también. Nunca te compares con los multibillonarios, compárate con los antiguos compañeros de clase a los que ahora les va mejor que a ti.

En las investigaciones más recientes se ha descubierto que la gente exitosa siempre se compara con alguien superior. Es lo que se llama *teoría de la comparación social* y ha sido validada gracias a las investigaciones realizadas por Leon Festinger en Harvard. La gente se compara con personas que han ascendido en la escala social. Sin importar lo que logren, siempre se fijan en el siguiente nivel del escalafón.

La idea es ser como quienes están en un nivel superior, no hacerlos caer. Tratar de dañar a alguien, ya sea mental o verbalmente, no tiene ningún efecto en esa persona, pero elimina tus probabilidades de alcanzar el éxito financiero, así que ten cuidado con lo que digas y pienses porque uno se convierte en lo que se concentra la mayor parte del tiempo.

DAN

Ahora discutamos cada uno de los mitos en detalle. Mito número uno: puedes atraer dinero y riqueza a tu vida usando el poder de tu mente. Ésta es la idea esencial tras la ley de la atracción. Por favor describe cómo se ha extendido esta noción en la cultura popular y por qué es una verdad a medias.

BRIAN

Esta ley tiene cuatro mil años de existencia. La gente que ha escrito al respecto suele tener una comprensión superficial del asunto. Yo empecé a estudiar las obras metafísicas de los maestros de la Antigüedad hace muchos años, y lo hice a un nivel muy profundo.

La ley de la atracción dice que eres un imán vivo y que, de manera invariable, atraes a tu vida a la gente, las situaciones y las circunstancias que están en armonía con tus pensamientos principales. Por eso, cuando pienses algo recuerda que puedes convertirte en ello.

Esta ley debe comprenderse en combinación con otras, incluso la *ley de la correspondencia*, que dice que tu mundo exterior es reflejo de tu mundo interior. Dondequiera que mires te encontrarás. Es como si estuvieras viviendo en un espejo de 360 grados a tu alrededor. Dondequiera que mires te verás a ti mismo, y tu pensamiento, el más predominante, se reflejará en las tres áreas más importantes de tu vida: tu salud, la gente que te acompaña y tu situación económica.

En primer lugar, tu salud refleja la manera en que piensas respecto a la comida, la nutrición, el régimen alimenticio, el ejercicio, etcétera. Por cierto, en un estudio para averiguar por qué hay gente delgada y gente con sobrepeso se descubrió que la gente delgada usa el principio del pensamiento a largo plazo. Estas personas piensan en la manera en que se sentirán y lucirán al día siguiente de consumir algo, y por eso son más estrictas respecto a su régimen alimenticio. Les agrada sentirse ligeras, esbeltas y sanas.

La gente con sobrepeso sólo piensa en la sensación y el placer en el momento de comer. Les preocupa cuán bien se siente, y como la sensación de saciedad sólo dura 20 o 30 minutos a partir de la primera mordida, comen lo más rápido que pueden y lo más posible antes de que se cierre este periodo. El resultado es un aumento del tamaño del estómago que permite comer más y más.

A la gente con sobrepeso le gusta atracarse. La gente esbelta piensa en cómo quiere sentirse y lucir al día siguiente. Por eso uno siempre puede saber en qué piensa la gente la mayor parte del tiempo.

La segunda área tiene que ver con tus relaciones personales. Uno siempre atrae a su vida al tipo de gente que está en armonía con sus pensamientos dominantes, por eso, alguien positivo siempre parece estar rodeado de otras personas positivas.

La última área tiene que ver con tu situación económica. Uno puede saber la manera en que piensan los otros respecto al dinero con ver lo que atraen a su vida.

Éste es el punto de inicio, pero el tema es mucho más profundo de lo que parece. Hay quienes han escrito libros en los que dicen que lo único que se necesita es tener pensamientos felices y visualizar la riqueza y el éxito para atraerlos, pero es falso. En la Biblia está escrito que la fe sin trabajo no sirve de nada, también hay una cancioncita que dice: "Reza, pero no dejes de mover los pies". Esto significa que tienes que trabajar mucho para establecer el campo de energía positiva. No es posible crearse un campo de este tipo para atraer el éxito financiero si no realizas de manera constante todas las acciones congruentes y en armonía con tu anhelo.

Hay otro principio llamado *ley de la vibración*; es muy conocido en el mundo de la música. Muchos saben que todas las sustancias del mundo están en vibración, como sucede con los diapasones. Las rocas vibran, ciertas plantas y animales emiten vibraciones. Te daré un ejemplo. Imagina un gran salón con dos pianos, uno a cada extremo. Supón que te acercas a uno y tocas la nota c bemol, luego caminas hasta el otro lado del salón y verás que la nota c bemol del segundo piano está vibrando en armonía con la del primero.

Esta vibración, también conocida como resonancia empática, es la misma que vemos en las relaciones personales. Hace 100 años el poeta Gibran Khalil Gibran escribió respecto a este tema. Dijo que cuando conoces a tu esposo o esposa, habrá un momento de reunión, de resonancia empática. En ese momento, cuando las miradas se encuentren, la resonancia tendrá lugar en cuestión de segundos. Deberá suceder en ese instante o, de lo contrario, no sucederá jamás.

Una de las preguntas que con mayor frecuencia se le hace a la gente que lleva cualquier periodo felizmente casada es cómo se conocieron. Ambos recordarán el momento de la vibración empática en medio de un salón lleno de gente. Sus miradas se encontraron y hubo armonía o una vibración que los unió. Dicen que cuando encuentras a tu alma gemela de inmediato reconoces que acabas de conocer a tu mejor amigo o amiga. Y eso es todo, nada de dramas, nada de traumas. No hay altibajos violentos, el sentimiento está ahí. Caminas con esa persona y permanecen juntos por siempre. Mi esposa y yo llevamos 36 años casados, y nos conocimos en un solo instante. Todavía recordamos el momento en que se cruzaron nuestras miradas. Todo esto es parte de la ley de la atracción.

Lo opuesto a ésta, un tema del que nadie habla, es la *ley de la repulsión*. Si tomas dos imanes y tratas de juntar los polos de la misma carga, los imanes se repelerán. Esto sucede con muchos aparatos eléctricos: el motor gira de cierta forma, pero si los imanes están mal colocados, no funcionará. De igual manera, si tienes un pensamiento negativo ahuyentarás de tu vida todo lo que deseas tener. Por eso te he dicho que nunca debes tener pensamientos negativos respecto a la gente que tiene éxito económico, porque estarías repeliendo cualquier esperanza de lograr lo que te propones.

Algunas personas tienen ideas negativas respecto al dinero como: "La gente rica es mala". Es algo que, por lo general, te enseñan tus propios padres cuando eres pequeño. Lo que suele suceder es que son pobres y están resentidos, eso es todo. "Los ricos son malos", si crees esto, nunca tendrás éxito financiero, siempre te sabotearás a ti mismo.

Por eso mucha gente se sabotea cuando ya logró amasar una fortuna. El cómico Robin Williams solía decir algo muy gracioso:

"La cocaína es la forma en que Dios te hace saber que estás haciendo demasiado dinero". A menudo surgen casos en que, por ejemplo, un taxista avisa que alguien dejó un portafolio lleno de dinero en su taxi, o gente que perdió una gran cantidad de recursos de una u otra manera. Se les cayó del auto. Todos éstos son actos inconscientes de sabotaje a uno mismo, y se presentan cuando alguien no cree merecer el éxito que tiene.

Otra parte importante de la ley de la atracción consiste en sentirte merecedor. Es una cuestión esencial. Desafortunadamente, mucha gente cree que no merece lo bueno que le sucede y por eso tiene dificultades; trabajan arduamente por fuera, pero en su interior hay una vibración negativa. Por fuera se matan trabajando 16 horas al día, y a veces comen o beben en exceso. Destruyen sus matrimonios y sus familias. Tienen enfermedades cardiacas y de otros tipos. Ganan mucho dinero, pero luego se sabotean porque en el fondo no creen merecerlo. Ponen en acción la ley de la repulsión y ésta destruye todo el éxito por el que han trabajado con desesperación.

Yo tenía un amigo que logró establecer uno de los negocios más grandes y exitosos en Estados Unidos, uno multimillonario. Venía de una familia muy pobre. Un día su contador lo visitó y le dijo: "¿Sabes? Si hiciéramos algunas modificaciones mínimas en las cajas registradoras sería posible sacar algunos centavos por cada transacción y podríamos, digamos, desaparecerlos en una cuenta aparte".

Al principio mi amigo necesitaba el dinero, pero conforme el negocio creció más, esta cantidad se convirtió en millones de dólares y lo atraparon porque a la misma persona que le presentó la idea le dieron a escoger entre soltar la sopa o ir a prisión; así que traicionó a su jefe, a quien le había vendido su idea. Su jefe, un hombre rico, exitoso más allá de lo imaginable, una leyenda nacional, pasó ocho años en prisión. Es increíble. Debido a sus orígenes humildes tenía la sensación de que, por alguna razón, no merecía lo que había ganado, y por eso empezó a cometer actos de autosabotaje.

La ley de la atracción es en realidad tus pensamientos cargados de emoción. Es como una lámpara. Podrías decir que ilumina de una manera increíble, pero si no está conectada a la corriente eléctrica, no sucede nada. Un pensamiento por sí mismo no tiene contexto emocional, es neutral. En pocas palabras, es una sustancia inerte. Sólo cuando multiplicas el pensamiento a través de la emoción empieza a tener energía.

Por eso decimos que todo lo que tienes en la vida lo atraes con tu manera de pensar. Gracias a ella puedes cambiar tu vida. Cuando desarrollas un anhelo ardiente de alcanzar el éxito financiero y sólo piensas en ello, estableces un campo de fuerza lleno de energía positiva que atrae gente, ideas y oportunidades que te ayudarán a convertir tus objetivos en realidad.

En tu cerebro hay una sección en forma de dedo que se llama córtex reticular. Esta parte es responsable del sistema de activación reticular. Cuando le imprimes emoción a un pensamiento o deseo, en realidad le estás enviando un mensaje a esa parte de tu cerebro, la cual se vuelve hipersensible a todo aquello en tu mundo externo que te permitirá cumplir lo que anhelas.

Digamos, por ejemplo, que decides tener un automóvil deportivo de color rojo. De pronto empezarás a ver autos deportivos rojos en todos lados. Verás anuncios, automóviles dando la vuelta en la esquina, a dos o tres cuadras de distancia. Los verás estacionados en cocheras y afuera de alguna casa. Esto sucede porque le dijiste a tu inconsciente que estabas interesado en un automóvil de esas características. Todo forma parte de la ley de la atracción.

Si decides que quieres tomar vacaciones en Hawái, empezarás a ver anuncios de vacaciones. Si quieres perder peso, verás anuncios de sistemas de pérdida de peso en todos lados. Es la manera en que tu cerebro te ayuda a triunfar, a sobrevivir y a prosperar en la vida.

Analiza tu situación financiera actual, pregúntate qué tanto se encuentra en armonía con tu pensamiento. Date crédito por todas las cosas buenas que tienes en la vida: están ahí porque las atrajiste tú mismo. Ahora mira alrededor e identifica lo que no te agrada y también responsabilízate de ello. También llegó ahí por ti, porque hay alguna falla en tu manera de pensar.

¿Cuál es la falla y qué harás al respecto? ¿Qué estás atrayendo? ¿Qué repeles? Tomemos un ejemplo muy sencillo, el de los millonarios que amasaron sus propias fortunas. Es un tema que empecé a investigar hace muchos años. Una empresa me pidió que les diera una conferencia sobre cómo volverse millonarios por sí mismos a 800 propietarios de negocios independientes y distribuidores. Les dije que lo haría con gusto.

Colgué el teléfono y pensé en que tenía 38 años y, aunque desde que era adolescente había deseado como muchos jóvenes amasar una fortuna propia, seguía en bancarrota, endeudado y batallando para salir adelante. Además, tampoco sabía gran cosa sobre los millonarios que habían triunfado gracias a su propio esfuerzo.

Me quedaban dos meses antes de tener que dar la conferencia, así que me senté en mi escritorio y me puse a investigar.

Empecé leyendo dos libros de Thomas Stanley: *El millonario de la puerta de al lado* y *Cómo venderles a los ricos*. Me di cuenta de que los millonarios que se habían hecho a sí mismos tenían una mentalidad que atraía la riqueza. Esta mentalidad consiste en una serie de pensamientos recurrentes. Si empiezas a pensar como ellos la mayoría del tiempo, establecerás un nivel de vibración muy elevado. Esta vibración emana de ti como las ondas de radio, como un imán, y empieza a atraer a tu vida todo lo que necesitas.

Dos meses después, fui a dar la conferencia y tuvo muy buena recepción. La llamé "Los 22 secretos de los millonarios que empezaron desde abajo". Me pidieron que volviera a darla, una y otra vez. Al principio la ofrecí en un formato de una hora, pero después tuve una conversación con un organizador.

—Tenemos un espacio de hora y media, ¿puede dar la charla en 90 minutos? —me preguntó.

—Claro —contesté.

—¿Y si mejor durara medio día?

—¡Genial!

Con el paso del tiempo empecé a expandir la información sobre cada uno de los 22 secretos y la conferencia se extendió a todo un día. Incluía entre seis y siete horas de charla, más algunas pausas y tiempo para el almuerzo.

Luego sucedió algo muy interesante. Cinco años después ya era yo millonario. Entre más enseñaba estos principios, más pensaba en ellos y más los practicaba. Uno se transforma en lo que piensa la mayor parte del tiempo, también en lo que enseña. Así que, si empiezas a enseñarle estos principios a alguien más, los vas a interiorizar a un nivel más profundo. Comenzarás a aumentar la intensidad de la vibración. Si enseñas los principios con convicción y desarrollas sentimientos fuertes al respecto, y si tratas de hacer que la gente se entusiasme con ellos, resonarás a un nivel más elevado. Entonces comenzarán a suceder más cosas que atraerán dinero a tu vida.

La mayoría de la gente que amasa su propia fortuna surge del ámbito de los negocios, pero se vuelve millonaria casi sin darse cuenta. Un día, después de muchos años de trabajo, sus contadores dicen:

—Por cierto, tu valor actual asciende a más de un millón de dólares.

—¿En serio? —preguntan los nuevos millonarios—. ¿Cómo sucedió?

Estaban tan ocupados trabajando, tan enfocados, y recibiendo tantos beneficios económicos, que ni siquiera se detuvieron a ver la acumulación de riqueza. Sólo apareció de pronto.

Esto fue lo que me sucedió a mí. Me senté en mi escritorio porque tenía que llenar una solicitud de préstamo y el banco te pide hacer una lista de todos tus activos. Tuve que ponerme a buscar cuántos eran y escribir cada uno con claridad. Y entonces pensé: "Ay, Dios mío, ¡este año llegué a valer 1.1 millones de dólares!" Tuve que llamarle a mi esposa. Esto es valor neto real, es lo que los bancos valoran: el patrimonio inherente a tu casa, los activos de la empresa, las cuentas de ahorros, acciones, bonos, etcétera.

Entre más estudias este campo, más estableces la vibración. Entre más claro piensas, más atraerás a tu vida lo que deseas. Por ejemplo, si quieres volverte millonario, imagina un cheque a tu nombre por un millón de dólares. Sólo piensa en el cheque. Sólo míralo. Sólo imagina que es pagadero por un millón a tu nombre, y ponle fecha.

Hay una famosa anécdota del actor Jim Carrey. Él hizo un cheque para sí mismo por 10 millones de dólares por una película. Lo hizo cuando era un comediante novato. Acababa de mudarse de Toronto a Hollywood, así que iba a las colinas y miraba su cheque. Estaba a nombre de Jim Carrey: 10 millones por una película. No dejaba de contemplarlo. Algunos años después le ofrecieron 10 millones de dólares por actuar en una película. Según el actor, era exactamente la cantidad que había escrito en el cheque.

Lee y alimenta esta imagen. Cada vez que alimentas en tu mente una imagen de tu objetivo, tu inconsciente hace una especie de fotografía, la guarda en su programación permanente y continúa viéndola todo el tiempo.

Otra manera de llevar a cabo este proceso sería visualizarte haciendo el trabajo que te permitiría ganar ese dinero. Infinidad de vendedores se visualizan vendiendo productos importantes, cuentas grandes, cerrando tratos exorbitantes, ya sea en el campo de los seguros, el transporte marítimo, aviones, acciones o bonos. Se visualizan interactuando con los clientes, viéndolos sonreír y firmando el cheque y el contrato.

También puedes hacerlo de otra forma, como lo hicimos mi esposa y yo. Empieza a buscar el tipo de casa en la que vivirás cuando seas rico. Todos los sábados, Barbara y yo íbamos a los eventos de *open house* en vecindarios ricos. Caminábamos entre propiedades muy costosas y hablábamos de lo que nos gustaría ver en nuestra casa. Hablábamos de tener esto y aquello, de poner una escalera, un patio trasero, una piscina, un gimnasio y todas esas cosas. Poco menos de tres años después de empezar a hacer esto, ya nos habíamos mudado de una casa rentada a una magnífica propiedad en un hermoso vecindario. Luego vendimos esa casa y nos mudamos de Canadá a California. Ahí visitamos 150 casas hasta que entramos a ésta, donde nos encontramos ahora.

Nos miramos y supimos que era el sitio perfecto. Era el lugar que habíamos visualizado y descrito en notas, la casa sobre la que hablábamos. Además, tenía el precio y las condiciones que podíamos cumplir, así que los vendedores aceptaron. Todo salió a pedir de boca, llevamos 28 años viviendo aquí. Cuando tus hijos crecen y se mudan, siempre piensas en ir a vivir a un lugar más pequeño, pero nosotros no queremos irnos nunca de esta casa. Es probable que nos tengan que sacar con los pies por delante, como dicen por ahí.

Dicho de otra forma, es exactamente la casa que imaginamos. Cuando empezamos hicimos una lista de 42 características que pensábamos que debía tener nuestra casa ideal. Cuando vimos ésta, checamos todos los puntos anotados porque lo tenía todo. Fue asombroso.

Así es como se establece el campo de fuerza. Debes orar. Debes orar, visualizar, hacerte una imagen mental nítida de lo que deseas, y después ponerte a trabajar. Porque sólo trabajando y moviéndote harás resonar el diapasón. Me refiero al momento en que golpeas el diapasón y desencadenas la vibración. Si no haces nada, no pasa nada, porque la fe sin acción es estéril. Si no haces nada, no pasa nada.

Desafortunadamente, en casi ninguno de los escritos sobre la ley de la atracción aparece la palabra *trabajo*. Muchos imaginan que puedes obtener algo a cambio de nada, pero como ya lo mencioné anteriormente, éste es uno de los mitos más dañinos, el del "algo por nada", el mito que me hace creer que puedo tomar más de lo que aporto.

El hecho es que sólo puedes tomar una fracción pequeña de lo que creas. En Nueva York dicen que uno se lleva "una gran rebanada del pastel". En realidad, sólo obtienes un porcentaje de la comisión por el valor que generas. Es decir, sólo puedes tomar lo que aportes, y si no aportas, no hay nada a tu disposición.

La idea de recibir algo a cambio de nada está aniquilando a muchísima gente en distintos ámbitos en todo el mundo. Es una idea errónea, un mito. Creer que puedes obtener algo sin hacer nada a cambio está convirtiendo a muchos en criminales mentales. La gente vive enojada con quienes han sabido ganarse el dinero. Exigen que les den acceso al dinero de otros a través del ejercicio de la fuerza del gobierno, que les quiten su dinero a las personas exitosas, que la gente que ha sabido triunfar sea castigada, que a ellos les den algo que no merecen porque no se lo han ganado. Ése es el problema con la noción de recibir algo a cambio de nada. Como ya sabes, yo he escrito mucho y grabado audios sobre este tema. Prácticamente todos los problemas del mundo actual son producto de esperar algo sin dar nada a cambio.

Einstein pasó toda su vida buscando la teoría del campo unificado. Es una teoría con base en el principio físico que explicaría todo lo que sucede en la Tierra. A Einstein le interesaba la física, no los seres humanos. Yo pasé casi 30 años buscando la teoría del campo unificado de los seres humanos y la encontré. La llamé *Factor E*. Significa *factor de la oportunidad* (*expediency factor*), y establece que los seres humanos no son ni buenos ni malos, sólo buscan la manera más rápida y sencilla de obtener lo que desean sin preocuparse casi, o nada, de las consecuencias.

Si comprendes esto, verás que explica todos los problemas. Explica la criminalidad, o el hecho de que la gente dependa de las ayudas sociales. Explica el desempleo, el alcoholismo, la falta de interés y dedicación, la pereza. Explica todos los problemas sociales, los problemas internacionales, la existencia de dictadores, ladrones, criminales y tramposos. Todas las guerras en la historia de la humanidad han servido para saquear a otros.

Lo primero que hicieron los nazis en la Segunda Guerra Mundial fue saquear los países que invadieron. Les robaron todo lo que no estaba colgado en la pared, y también la mayoría de las cosas que *sí* estaban colgadas. Fue una guerra para desvalijar. Robaron, robaron y robaron.

Piensa en todos los conquistadores. Saddam Hussein tenía, ¿cuántos?, ¿diecinueve palacios? Mientras su gente comía porquería, él construía palacios de miles de millones de dólares. El reciente líder de Ucrania también tenía palacios de miles de millones. Putin tiene un valor neto de miles de millones. Es puro saqueo, obtener algo a cambio de nada. Es muy fácil caer en esto porque no cuesta trabajo razonarlo.

Por todo esto, el deseo de obtener algo a cambio de nada, de que te den lo que no has ganado ni tampoco mereces, es una de las cosas que están destruyendo la esperanza y los sueños de la gente en todo el mundo.

DAN

Brian, sé que eres admirador de Ayn Rand. Ella solía decir: "Los gorrones quieren conseguir dinero. Por lo general, el dinero de otras personas". Usemos esta cita como telón de fondo para discutir el mito número dos: la gente rica pasa el tiempo pensando en maneras de adquirir dinero. Hablemos de por qué esto es falso. La mayoría de la gente adinerada de hoy en día invierte su tiempo en buscar maneras de generar valor y riqueza. El dinero es sólo un subproducto, no es el valor central. El ciudadano productivo trata de aportar valor a través de trabajo, de un nuevo invento o negocio, de algo que genere patrimonio bajo la forma de salarios, activos susceptibles de apreciarse y otras cosas. ¿De qué manera cumple esta actitud con la ley de causa y efecto?

BRIAN

La idea de que la gente rica piensa todo el tiempo en cómo obtener dinero es incorrecta. El principio más importante en la vida humana es el principio del *servicio*. Earl Nightingale dijo que tus recompensas siempre serán equivalentes al valor del servicio que les ofrezcas a otros. Lo que necesitas preguntarte todos los días es: ¿cómo puedo incrementar el valor de mi servicio para otros hoy?

Vuelve a las enseñanzas de Jesús y de los profetas más importantes. Todas tienen que ver con servir a otros, a los menos afortunados. Lo más maravilloso es que los seres humanos estamos diseñados de una manera única, con un ADN inigualable que permite que uno de nuestros mayores gozos provenga de servir a otros.

Un día cené con mi hijo, su esposa y sus dos pequeñas. Mi hijo es un gran padre y su esposa una excelente madre. Las niñas son increíblemente felices. Lo único en lo que piensan los padres es en hacer todo por sus hijos, porque tener niños y cuidar de ellos es una de las alegrías más grandes que puede haber. La gente dice: "Ay, son terribles a esta edad" o "Son terribles a aquella otra". Pero nunca es así. Tener hijos y cuidar de ellos nos da tanto placer que podríamos vivir por siempre para ellos. Incluso somos capaces de soportar la falta de aprecio que nos muestran cuando crecen.

El hombre promedio muere ocho años antes que la mujer porque se mata trabajando con tal de proveerle a su familia lo necesario. Servir a su familia le da tanta alegría que está dispuesto a exigirse lo impensable.

El servicio es algo esencial. Por supuesto, la gente rica y exitosa desea ganar mucho dinero, pero ésta es en realidad sólo una manera de medir si les estás sirviendo bien a otros o no. El dinero es una forma de medir si lo que haces funciona o no, si es rentable. El dinero es la manera que tienen la naturaleza y el mercado de decirte que el tiempo y el esfuerzo que inviertes valen la pena. Así pues, lo que trata de hacer la gente es servir. Siempre que viajo busco productos y servicios que en verdad ayuden a otros.

Volvamos a John D. Rockefeller. Él era un hombre mezquino. Comenzó desde abajo, trabajaba como empleado de una empresa y ganaba 3.75 dólares a la semana. Donaba 1.75 a la caridad. Así empezó su vida, donando la mitad de su salario a los necesitados. Ahorraba un poco y acumulaba todo lo posible. Siempre buscaba maneras de servir a otros. La gente en ese tiempo usaba lámparas de keroseno, y él fue uno de los primeros en descubrir la forma de producir esta sustancia.

Luego, cuando llegaron el motor de combustión y el automóvil, se enfocó en servir a la gente proveyéndole los productos que necesitaba para mejorar su vida, a los precios más bajos. Era dueño de todo, desde los campos petroleros hasta las bombas, los oleoductos, los ferrocarriles, las refinerías, hasta llegar a las gasolineras. Esto le permitía mantener los precios bajos porque no tenía que pagarles a intermediarios. Así pudo servir a más y más gente, a los precios más competitivos.

Piensa en Henry Ford y en que revolucionó el mundo de la fabricación. Cuando la gente manufacturaba en equipo, fabricar un automóvil tomaba 300 horas, porque el equipo tenía que hacer todo. Ford, en conjunto con sus ingenieros, desarrolló la línea de producción con la que fue posible fabricar automóviles a tal velocidad que podía vender cada uno en 300 dólares en lugar de tres mil.

Quienes hacían los automóviles, es decir, los hombres de la clase trabajadora, del nivel más bajo de la sociedad en aquel entonces, pudieron por primera vez comprar el producto que ellos mismos fabricaban. Henry Ford transformó el mundo entero y ésa fue su mayor alegría. Fabricar automóviles accesibles para todos, algo que nadie había hecho hasta entonces, le permitió convertirse en amigo cercano del hombre más rico del mundo cuando se encontraba en la cima de su carrera.

Anteriormente, los automóviles eran para los ricos, para gente que podía gastar el equivalente al salario de dos o tres años de un trabajador promedio, pero ahora el individuo común podía comprarse un automóvil también. Luego alguien llegó con la idea de los enganches y los planes de pago, y así cualquier trabajador pudo comprar un automóvil adelantando una parte, y terminarlo de pagar en tres años. Este sistema transformó todo.

Ahora hablemos de Sears Roebuck, la tienda que se convirtió en uno de los minoristas más importantes de la historia debido a que instauró una garantía de devolución de tu dinero sin hacer preguntas. Nadie había hecho eso, argumentaban que no era posible. Sin embargo, Sears dijo: "Le servimos a gente de buena fe, si le vendemos un producto a través de nuestro catálogo, la única razón por la que lo devolverán será porque no es lo que pensaron haber ordenado, porque es de la talla o el color equivocado, o por algo similar. Vamos a ofrecerles una garantía incondicional". Resultó que menos de 5% de la gente pidió que le devolvieran su dinero. Lo que solicitaron fue un cambio, 99.9% de los compradores dijeron: "¿Podría cambiarlo por un producto de diferente color o de otra talla?" Sears Roebuck llegó a ser uno de los negocios minoristas más importantes de todos los tiempos.

Mira lo que es Walmart hoy en día, en verdad me encanta. Hace un par de años trabajé para ellos, participé en una de sus convenciones ofreciendo un seminario de un día completo para una división específica. En medio de la convención anual en San Luis, un evento al que asistieron 25 mil personas y en el que me dirigí a dos mil gerentes, de pronto llegó el presidente de la empresa y todos se quedaron en silencio.

Llegó y dio un discurso de aproximadamente cinco minutos. Dijo que Walmart tenía una filosofía muy simple: representamos a la gente que vive de una quincena a la siguiente, que no tiene dinero adicional y que no puede darse el lujo de cometer errores al realizar una compra. Nuestra misión es ofrecerle la mejor selección de productos al precio más bajo posible a través de nuestro poder adquisitivo, y garantizar todo de forma incondicional para que nadie se meta en aprietos por tener un producto que no le conviene o porque tiene que adquirirlo en otro establecimiento y pagar más por él. Nuestro trabajo es ayudar a los clientes a mejorar su calidad y estándar de vida para que puedan comprar más de las cosas que necesitan y quieren para su familia.

¡Fue un discurso apasionante y conmovedor! Todos saltaron de su asiento y vitorearon porque ésa era la filosofía de Walmart: servir a los clientes. Todo lo que se hace es para bajar los precios lo más posible y que los compradores puedan adquirir más de lo que necesitan para mejorar su calidad de vida.

Mira a Walmart ahora: con 11 mil tiendas, es la operación minorista más exitosa de todos los tiempos. A sus empleados les apasiona servir a otros. Por cierto, la familia Walton tiene un valor neto de 149 mil millones de dólares hoy en día porque Sam Walton dividió toda su herencia antes de fallecer. Si consideras solamente a la familia de Sam Walton, verías que, gracias a su increíble ética de servicio, son, por mucho, la familia más rica del mundo.

Así es como piensa la gente rica. Cuando ven un hotel, un desarrollo de bienes raíces, una tienda, acciones o productos, siempre están pensando en la manera de desarrollarlo para ayudar a la gente a mejorar su calidad de vida. Es lo que les entusiasma y es la razón por la que obtienen recompensas.

DAN

Hablemos ahora del mito número tres: si eres empleado, no piensas en alcanzar tus objetivos financieros y mucho menos en volverte rico. ¿Esto significa que la mayoría de las personas que no son empresarias no tienen manera de volverse ricas o de lograr la independencia financiera? Describe de qué manera, siguiendo un plan disciplinado de gasto y ahorro, y aunque le tome más tiempo que al dueño de un negocio, cualquier persona puede llegar a ser libre en el aspecto económico.

BRIAN

Peter Lynch fue el inversionista más exitoso de la historia. Creó Magellan, un fondo de inversión de miles de millones de dólares, y luego se retiró siendo millonario. Lynch dijo lo siguiente: "Lo que cuenta no es medirle el tiempo al mercado, sino *pasar* tiempo en él".

Si una persona compra acciones de un fondo mutualista o de un fondo indexado, en realidad se está convirtiendo en dueño porque cada acción representa un porcentaje de la posesión de dicha empresa. Aproximadamente 10% de los millonarios que se hicieron a sí mismos son gente que trabajó toda su vida para otra empresa. Trabajaron con mucho empeño, les pagaron bien, y lograron ahorrar su dinero. Luego aprovecharon los planes de compensación diferidos, como los 401(k), los Roth y otros. Guardaron el dinero y dejaron que creciera.

Una de las razones por las que la gente no se retira con independencia económica es porque gasta todo lo que gana. Luego empieza a desesperarse un poco porque llega a los 50 y no tiene mucho dinero ahorrado, entonces juega una especie de juego compensatorio, mete todo el dinero que tiene o que puede pedir prestado a un esquema para hacerse rico de la noche a la mañana, y éste falla inevitablemente. Los únicos que se vuelven ricos con esos esquemas son quienes los venden. Por eso se desespera la gente.

El hecho es que una persona que ahorra 100 dólares al mes e invierte en un fondo indexado o en un fondo mutualista conservador bien administrado descubrirá que éste puede crecer entre 8 y 10% al año, y que 100 dólares al mes a lo largo de la vida laboral de una persona puede volverla millonaria. Las cifras son muy interesantes. Dicen que, de 100 personas que comenzarán a trabajar hoy, una se volverá rica, cuatro tendrán una situación acomodada, 15 serán independientes económicamente, y las otras 80 terminarán en quiebra o muertas, o seguirán trabajando para cuando llegue el momento en que deberían retirarse.

¿Por qué sucede esto? No es porque no hayan generado suficiente dinero. Hace algunos años tuve una experiencia genial. Durante un seminario hablé sobre la manera en que cualquiera puede volverse rico si comienza a tiempo, si trabaja con empeño, si se desvela lo suficiente, etcétera. En el descanso, la gente estaba reunida a mi alrededor haciéndome preguntas y de pronto un joven con discapacidades físicas y mentales se acercó.

—¡Señor Tracy! ¡Señor Tracy! —gritó. Los demás se quedaron en silencio—. ¿Yo también puedo ser rico? —preguntó.

Toda la gente volteó a mirarme.

—Trabajo en un hogar para gente con necesidades especiales. Reparamos muebles y nos pagan por ello. Ahorro 100 dólares al mes. Si sigo haciéndolo, ¿también puedo volverme rico?

Yo había mirado estas cifras justamente el día anterior y me di cuenta de que si ahorras 100 dólares al mes y los inviertes en un fondo mutualista conservador durante toda tu vida laboral, podrías llegar a tener más de un millón cuando te retires a la edad de 65 años. Repetí los números.

—Sí, si ahorraras 100 dólares al mes a lo largo de tu vida laboral, cuando llegues a los 65 años serás millonario. Tendrás más dinero que toda la gente que anda por ahí paseándose, conduciendo autos de lujo y yéndose de vacaciones en avión. Aun teniendo ciertas desventajas en la vida, serás millonario —le dije.

Recuerda que una persona que comienza pronto, que ahorra durante el tiempo suficiente y que no toca su dinero podrá beneficiarse de los intereses compuestos y del tiempo que pase en el mercado. No tienes que ser dueño de una empresa ni empresario. Basta con que inviertas en acciones y que seas el modesto dueño de una pequeña parte de diversas empresas bien administradas, dirigidas por expertos. Así, tú también puedes llegar a ser independiente en el aspecto financiero.

DAN

El siguiente mito es el más extendido entre la gente, el mito número cuatro: la mayoría de los ricos viven en vecindarios costosos, manejan autos de lujo y derrochan su dinero. La revolucionaria investigación de *El millonario de la puerta de al lado* destruyó este mito y nos mostró que la mayoría de la gente rica vive en vecindarios de clase media, conduce autos comunes y suele ser más frugal. Pero entonces, ¿quién vive en esos lugares con precios exorbitantes y conduce automóviles de lujo recién salidos de la agencia? Hablemos sobre la diferencia entre riqueza e ingresos. ¿Dónde se encuentra el equilibrio entre estas dos formas de vida?

BRIAN

En la vida hay tres etapas: los años de aprendizaje, los años en que se gana dinero, y los años en que anhelas. Por supuesto, hoy en día decimos que los años de aprendizaje duran para siempre, pero los años en que se gana dinero son el tiempo durante el que trabajas duro, acumulas dinero y lo pones a trabajar. Así pues, llega cierto momento en el que tu dinero gana más que tú. Es el momento en que empiezas a desacelerar, cuando puedes empezar a salir poco a poco del mundo laboral, en unos cinco o 10 años, digamos. Luego puedes empezar a administrar tu dinero con cuidado y vivir cómodamente el resto de tu vida.

La mayoría de los empresarios son ambiciosos. Es otra manera de decir que son gente hambrienta, y está hambrienta porque proviene de situaciones más bien austeras. Por ahí dicen que lo que más te hizo falta cuando niño, es lo que más anhelas y te esfuerzas por obtener cuando eres adulto. Es una especie de necesidad producto de la deficiencia, es algo que la psicología valida. Estas personas suelen sentir que no tuvieron suficiente dinero y por eso se vuelven ambiciosas. Así descubren que para obtener dinero deben comenzar un negocio, vender productos y trabajar con mucho ahínco.

La pregunta es: ¿cuándo es momento de cruzar la frontera? Un amigo mío que es banquero me contó sobre un empresario que lo visitó y le dijo que quería comprarse una casa muy costosa.

Mi amigo me dijo que los banqueros siempre saben cuando un negocio tendrá problemas porque, en cuanto empieza a generar ganancias, el dueño decide que llegó el momento de permitirse lujos. Compran un automóvil caro haciendo uso de un financiamiento; compran una mansión, también con financiamiento. Entonces te das cuenta de que terminarán en aprietos porque comenzaron a gastar demasiado pronto.

Luego, por supuesto, llegan las recesiones, las depresiones y los altibajos en la industria y la economía. La empresa cae, el flujo de efectivo cesa y el empresario ya no puede pagar sus mensualidades. La agencia automovilística recupera el automóvil y el banco se queda con la mansión. El banco donde trabajaba mi amigo siempre exigía un depósito de 20% como mínimo, esto le permitía contar con un buen colchón de garantía colateral. Por esta razón, si un empresario llegaba con el dinero, lo cual suele suceder porque lo extraen de su empresa, el banco le prestaba el dinero sabiendo que luego simplemente podría recuperar la casa en la siguiente recesión.

Mi amigo el banquero me dijo que uno podía empezar a gastar y comprar una casa después de haber superado la etapa más difícil y cuando se es independiente económicamente. Entonces puedes comenzar a invertir tu excedente.

Esto nos trae de vuelta a una historia sobre Warren Buffett. Cuando regresó con su esposa a Omaha, Nebraska, después de haber estado en la Universidad de Columbia, pudo comprar una casita. En aquel tiempo costó 25 mil dólares aproximadamente. Es la misma casa en la que vive ahora.

De acuerdo con *Forbes*, Warren Buffett es el hombre más rico del mundo, pero sigue viviendo en esa casita, nunca se mudó a otro lugar. Dijo que no le parecía buena idea gastar dinero demasiado pronto, así que se formó el hábito de invertir todo lo que ganaba y no gastarlo. Hoy es el inversionista más exitoso de todos los tiempos.

Esperar el momento oportuno es esencial. El instante en que tienes suficiente dinero apartado para que, si compras una casa y el mundo entero se va derecho al infierno, tú puedas continuar pagando tus mensualidades, conservar tu estilo de vida y proveerle lo necesario a tu familia. Si gastas tu dinero demasiado pronto, corres el riesgo de que un suceso inesperado te haga perder todo.

DAN

Hay otro mito que parece extenderse con facilidad, y la evidencia es el aumento de las apuestas en internet. Mito número cinco: puedes volverte rico jugando a la lotería o ganando en grande en un casino. Brian, sé que este mito te apasiona en particular. Dinos por qué es tan generalizado y cómo podríamos tomar ese mismo dinero y, en lugar de aplicar técnicas que garantizan su pérdida, usar métodos probados científicamente para volverse rico.

BRIAN

La enfermedad del "algo a cambio de nada" es como un cáncer. Seduce de una manera muy sutil, pidiéndote un dólar por un boleto de lotería, por ejemplo. Esforzarse por obtener algo sin dar nada a cambio destruye tu alma; es una enfermedad acumulativa, de pronto empieza a socavar tu bienestar mental y emocional.

Acabo de regresar de Las Vegas. Estuve ahí dos días y me quedé en dos hoteles distintos. Caminé por los casinos de ida y vuelta durante un largo rato porque están diseñados para que pases mucho tiempo ahí. No puedes llegar a tu habitación sin pasar por los casinos, las mesas de apuestas y las máquinas tragamonedas. Sin embargo, yo nunca gasto ni 50 centavos en Las Vegas porque, en mi filosofía de vida, es incorrecto.

En primer lugar, nadie gana en Las Vegas. Si te llega a suceder, te fotografían y te impiden la entrada a los casinos. Esto ni siquiera es un secreto. Si eres apostador profesional y ganas, te fotografían de inmediato. Se pueden sentar en la zona llamada "ojo en el cielo" y observarte desde ahí. Si te ven ganar, pueden averiguar tu actividad en los otros casinos. Envían tu fotografía a Atlantic City o Montecarlo. Si has ganado en otro casino, se comparten la información entre ellos.

En Las Vegas nadie gana, uno sólo pasa un rato ahí antes de perderlo todo. Si corres con suerte puede tomarte más tiempo desaparecer todo tu dinero antes de partir, pero apostar de todas formas destruye el alma de la gente.

Una vez leí un artículo, el autor decía: "La semana pasada entré y salí del infierno. Es un lugar llamado Las Vegas, en el desierto de Nevada". El autor cuenta haber visto "gente miserable, infeliz, despeinada, sucia, fumando, sin camisa y como si le hubiera pasado un tractor encima. Deambulé por los casinos y vi a hombres y mujeres con sobrepeso que apostaban en las mesas de juego el dinero del almuerzo, los alimentos, los juguetes y las bicicletas de sus hijos". Y el artículo continúa: "La expresión en su rostro es de desesperación porque colocaron el dinero sobre la mesa, lo perdieron y ahora no pueden recuperarlo".

Cuando te registras en un hotel en Las Vegas cargan toda la cuenta en tu tarjeta de crédito porque saben que muchos clientes no podrán pagar cuando salgan. Tengo amigos que viajaron de Los Ángeles a Las Vegas en un Cadillac nuevo y regresaron en el autobús de Greyhound sin maleta, sin Cadillac y sin nada.

La gente exitosa no apuesta: corre riesgos calculados que le permiten tener una fuerte influencia sobre el resultado. Seleccionan un producto o servicio y lo prueban a una escala conservadora, hacen inversiones con cuidado para ver si funcionan. Hacen toda la tarea necesaria para asegurarse de que el dinero que van a invertir tenga la mayor probabilidad de generar retornos seguros.

Ahora piensa en la gente que apuesta en los casinos de Las Vegas: siempre es gente pobre. Ésta apuesta muchísimo más que la gente rica. Quienes menos pueden darse el lujo de gastar su dinero son los que lo tiran en el Fantasy football y en todas esas apuestas. Pierden cantidades que no pueden cubrir porque salieron directamente de lo que correspondía al alimento de sus niños. Es dinero que ya no podrán usar para comprar comida.

A estas personas no les sobra el dinero; no es como si ganaran 10 mil dólares al mes, sus gastos ascendieran a cinco mil y les sobraran cinco mil para tirarlos a la basura. Tal vez ganan dos mil o tres mil dólares al mes, sus gastos ascienden a 3 500 y no les sobra nada, por eso empiezan a desesperarse.

También he conocido apostadores que nunca pierden, que siempre *estuvieron a punto de ganar*. Si le preguntas a alguien: "¿Cómo te fue en Las Vegas?", te dirá: "Casi gano el premio mayor, casi gano". "Pero por lo que veo, hoy vas a tomar el autobús para ir a trabajar." "Sí, tuve que dejar mi automóvil allá para conseguir algo de efectivo. Pero casi gano. La próxima vez ganaré sin duda."

Antes de siquiera desayunar, se convencen de algo que es imposible. Se levantan por la mañana y salen con la idea de que en verdad van a recuperar el dinero que perdieron la noche anterior.

Mi filosofía consiste en mantenerse alejado del "algo a cambio de nada". Cuando era niño, mi madre me dijo: "No robes, no hagas nada ilegal, no cometas crímenes". Es lo que dicen casi todas las madres, por eso nunca lo hice y sigo así. También les he dicho a mis hijos que no hagan nada deshonesto, que no cometan crímenes.

Yo pago hasta el último centavo de impuestos. Hace algunos años el IRS me realizó una auditoría y, tras siete meses de investigaciones, regresaron a verme y me dijeron: "Los Tracy son el tipo de gente que en verdad le agrada al IRS. Obtienen muchos ingresos, pagan hasta el último centavo que se les exige de impuestos, no eluden ni un solo cobro y en su contabilidad no hay ni una deducción cuestionable. Son completamente honestos en su declaración fiscal". ¿Y luego sabes qué me dijeron? "No volveremos a auditarlo jamás".

Nunca han vuelto porque saben cómo somos. Revisaron nuestras declaraciones y vieron que las preparan profesionales, que no alteramos ni una cifra. Nosotros, al igual que toda la gente, odiamos los impuestos, pero creemos que no es correcto obtener algo a cambio de nada, o quedarte con dinero que no ganaste y que no mereces. Por eso me opongo a todo tipo de apuestas, porque apostar destruye el alma de la gente.

Capítulo 3

La ciencia del gasto

DAN

Ahora que empezamos a delinear los temas específicos de la ciencia del dinero, enfoquémonos en lo que todos hacen, independientemente de que sean pobres o ricos, o de que pertenezcan a la clase media: gastar. Muchísima gente no ahorra ni invierte. También hay quienes nunca incurren en deudas, pero todos gastan. Por eso existe lo que se llama ciencia del gasto: una manera de usar el dinero que sea consistente con la riqueza o con la falta de la misma.

Brian, empecemos por describir la experiencia que tiene la mayoría de la gente con el gasto, es decir, gastar en lo que quiere y en el momento que le viene en gana, pero sin ningún plan o estrategia. ¿Puedes describir el día típico de la persona promedio de clase media que siente que no tiene nada que ahorrar, así como la manera en que usa su dinero? Como yendo todos los días a Starbucks, almorzando fuera o gastando de forma impulsiva en ropa. Dinos las diferencias entre esta persona y alguien que gasta con un plan o estrategia.

BRIAN

Primero analicemos de dónde viene el gasto. Todos somos creaturas de hábitos: 95% de lo que hacemos es una costumbre. Lo hacemos de manera regular y automática, sin pensar. Cuando eres niño, tus padres te premian con una mesada o domingo. Es una cantidad modesta que te dan a cambio de hacer algo o de no hacer nada.

Todavía recuerdo cuando, a mis cinco o seis años, mi padre me sugirió que ahorrara 10% de mi exigua mesada. Me pareció atroz porque yo quería gastar mi dinero en dulces, así que lo traje conmigo cuando acompañé a mi madre a la tienda. Y claro, me compré dulces. Lo que sucedió fue que en una etapa muy temprana de mi vida relacioné la idea del dinero con los dulces, la diversión, el disfrute y el placer. Gastar dinero nos hace felices.

El sentimiento no cambia cuando crecemos. Lo primero en que pensamos cuando tenemos un poco es: ¿qué podría comprarme? ¿De qué manera lo gasto para que me haga feliz? Por eso, cuando vas a un centro turístico, siempre lo encuentras repleto de porquerías y baratijas. Las calles están flanqueadas de tiendas que venden basura y cosas inútiles. Les venden esto a los vacacionistas porque comprar porquerías forma parte de la costumbre de ir de vacaciones.

Si le preguntas a una persona qué haría si ganara la lotería, lo primero de lo que hablará será de lo que piensa comprarse. Tienes que cambiar tu manera de pensar respecto al gasto. En lugar de pensar: "Si obtengo el dinero me haré feliz gastándolo", tienes que decirte: "Si obtengo el dinero me haré feliz ahorrándolo".

¿Qué hace la mayoría de la gente cuando consigue dinero? El otro día fui a un restaurante y noté que estaba repleto. No me quedaba claro por qué, si apenas era miércoles por la noche. Bueno, es que era quincena y todos los que estaban ahí fueron a gastar su dinero porque acababan de depositarles en su cuenta. Toda esa gente estaba en un lugar muy costoso gastando como si el mundo se fuera a acabar, se debe a la relación que hacemos entre obtener dinero y usarlo de inmediato. Para colmo, es algo en lo que cada vez pensamos menos. Por eso actualmente gastamos tanto de manera impulsiva, una gran cantidad de las compras se realizan porque la gente adquiere cosas sin pensar. Las tiendas están diseñadas para provocar compras impulsivas al llegar a la caja, para que tomes artículos que en realidad no necesitas ni deseas, pero que están exhibidos de una forma muy atractiva al final de cada pasillo.

DAN

¿Cuál es la diferencia entre gastar de manera correcta y de manera incorrecta? Creo que se puede gastar de manera correcta si se invierte en bienes que se aprecian, que puedes adquirir sin meterte en dificultades económicas, o que te ayudan a generar riqueza a largo plazo. Gastar de manera incorrecta es lo opuesto.

BRIAN

Tanto el tiempo como el dinero se pueden gastar o invertir. Si los gastas, desaparecen para siempre, pero si los inviertes, obtendrás retornos. Es algo que la gente no comprende. Cuanto más tiempo inviertas en mejorar en el aspecto personal y en aumentar tu capacidad de ganar dinero en una etapa temprana de tu carrera, más dinero podrás ganar, ahorrar y multiplicar.

De hecho, hay una ley sobre la conservación del dinero. Dice que lo que determina tu futuro económico no es *cuánto ganas*, sino *cuánto conservas*. Gastar bien implica obtener retornos sobre tu inversión, conservarlos y ahorrarlos. Gastar mal provoca que el dinero desaparezca para siempre y que no puedas recuperarlo.

DAN

El empresario Jim Rohn tenía una filosofía respecto a la riqueza que podemos parafrasear de la siguiente manera: "Haz lo que tengas que hacer lo antes posible para que luego puedas hacer lo que deseas la mayor cantidad de tiempo posible". Dicho de otra forma, disciplínate y haz a corto plazo todo lo que te parezca difícil, para que luego puedas vivir la vida que anhelas a largo plazo.

Explícanos cómo se relaciona esta noción con el gasto. La idea es que en la primera etapa de tu carrera gastes de manera frugal y estratégica; así acumularás riqueza y podrás usarla como quieras el resto de tu vida. En cambio, si no te habitúas a gastar bien desde que eres joven, podrías batallar y gastar todo lo que ganes a lo largo de tu vida.

BRIAN

Rich DeVos, uno de los fundadores de Amway, solía decir algo similar: hacemos muchas cosas que no necesariamente nos agradan. Despiertas en la mañana, trabajas como loco todo el día,

LA CIENCIA DEL GASTO 93

estudias por las tardes, mejoras tus habilidades. Haces esto durante un periodo largo para luego poder hacer lo que te gusta el resto de tu vida.

Mucha gente trata de hornear el pastel y comerlo de inmediato, es decir, divertirse sin límites. Seguramente has oído a los que dicen: "¡El trabajo debería ser divertido y la vida también!"

Denis Waitley, autor y conferencista, tenía una frase maravillosa. Decía que la mayoría de la gente se pasa la vida haciendo cosas que alivian la tensión en lugar de lo necesario para alcanzar objetivos.

Albert Gray, un pensador que pasó más de 12 años tratando de encontrar el secreto del éxito, descubrió que era muy simple: la gente exitosa se forma el hábito de hacer lo que a los perdedores les desagrada. ¿Qué les desagrada? Lo mismo que a la gente exitosa: levantarse temprano, comenzar el día, planificar la jornada, trabajar con empeño, mejorar sus habilidades. Sin embargo, los triunfadores hacen todo esto porque se dan cuenta de que es el precio que hay que pagar a cambio del éxito. Si no lo pagas, no ganas; si no cultivas, no cosechas. Si no pagas el precio del éxito, nunca lo alcanzarás.

La *duda* o *titubeo* es la gran tragedia humana. Me refiero a cuando la gente *tiene la intención* de hacer algo, pero no lo concreta. Siempre dice que *lo hará*, pero duda y posterga, y termina no haciendo nada.

En mi programa *Hacer mucho dinero* les pregunto a los participantes por qué, si es posible que todos se retiren siendo independientes, la gente no gana mucho dinero. En primer lugar, porque nunca imagina hacerlo. No se le ocurre que podría amasar una fortuna porque en su familia nadie gozaba de libertad financiera. Luego, muchos se relacionan con personas que gastan todo lo que ganan porque creen que así funciona el mundo. Siguen a la multitud, obedecen al instinto de rebaño.

En segundo lugar, *si acaso* se les ocurre generar una fortuna, lo posponen. Se dicen: "Bueno, sí, podría tener éxito económico, pero no ahora. Comenzaré la semana próxima, en un mes o en un año".

En tercer lugar, el miedo al fracaso los detiene. "¿Qué pasa si ahorro dinero y lo pierdo o si las cosas no funcionan?" Uno puede impedir que esto suceda invirtiendo el dinero de una manera muy bien pensada y trabajando con expertos. Nunca trates de anotarte una gran ganancia sin saber invertir, siempre reúne toda la información posible.

Por desgracia, mucha gente también piensa: "Si me fijo la meta de alcanzar el éxito financiero, mis amigos me criticarán". Lo que debes hacer en este caso es no decirles nada, mantén en secreto tus planes y objetivos.

Por último, ¡comienza ahora! Haz lo primero que necesitas: abrir una cuenta bancaria privada. Abre una cuenta especial para tu libertad financiera y guarda en ella cada centavo que puedas durante el mayor tiempo posible. Sucederán cosas increíbles.

Sabemos que gastar se vuelve un acto automático. ¿Cómo dejas de gastar? Antes que nada, debes llevar un registro de tus gastos. Si tienes que pasar por el procedimiento de consolidación de deuda, lo primero que hará el asesor será sentarte y obligarte a hacer una lista de todos tus gastos, hasta el último centavo. Tienes que escribir todo. No puedes gastar nada, ni en tarjeta de crédito ni en efectivo, sin anotarlo.

Hay algunas apps muy buenas que te pueden ayudar a llevar este registro. El mero hecho de tomarte tiempo para pensar cuánto estás gastando te vuelve más consciente de cuánto dinero sale *en realidad*, y a veces eso te ayuda a *no* gastar.

Mi amigo David Bach, autor de *El millonario automático*, habla sobre el factor latte: si gastas cinco dólares en un café latte todos los días, y dejas de comprarlo, ahorrarás 25 dólares a la semana y 100 al mes. Si acumulas esto, con el paso del tiempo podrías volverte rico.

Otra cosa que aprendí cuando empecé a estudiar a los millonarios que habían amasado sus propias fortunas fue que nunca compran automóviles nuevos. El otro día estaba hablando sobre esto con gente muy adinerada que aprendió este principio en mis programas. Compran automóviles de calidad con dos años de antigüedad y en muy buenas condiciones, autos que un mecánico revisa y que luego ellos pueden manejar por siempre. Como los automóviles se deprecian mucho, es posible comprar uno de 55 mil dólares por 35 mil.

Hace un par de noches cené con uno de los ejecutivos *senior* de *marketing* de Lexus. Me dijo que habían implementado un programa de recertificación. Si arriendas un automóvil por dos años y luego lo devuelves, Lexus lo recertifica con una garantía de cinco años y lo revende. De esta forma la gente puede comprarse un automóvil y manejarlo por siempre. Es lo que yo hago. Espero hasta encontrar un Lexus que está prácticamente nuevo porque lo cuidaron muy bien y me aseguro de que haya pasado la recertificación, es decir, que lo revisaron minuciosamente. Luego lo compro y lo uso hasta el cansancio. Así puedes ahorrar.

Digamos que ahorras 10 mil dólares para comprar un automóvil nuevo. Si inviertes ese dinero en una propiedad o en un buen fondo indexado, podría llegar a duplicarse en los mismos tres, cinco o hasta 10 años que habrías manejado el auto. Tus 10 mil dólares se pueden transformar en parte de un inmueble o en el enganche para una propiedad. Podrías dar ese dinero para enganchar un condominio o departamento, y luego rentarlo. Después el inquilino paga el resto de las mensualidades y sus intereses, y tú incluso obtienes retornos por tu inversión.

Si comienzas a hacer esto de manera regular, te sorprenderás. Gastar o invertir dinero que continúa multiplicándose es gastar correctamente, y gastar mal sólo hace que tu dinero desaparezca para siempre.

DAN

¿Qué categorías deberíamos eliminar de nuestro gasto si en verdad somos serios respecto a generar riqueza?

BRIAN

En primer lugar hay que aclarar que hay gastos fijos como la renta, el automóvil y otras cosas. Puedes vivir en un lugar más modesto como Warren Buffett, quien vivía en una casa pequeña cuando empezó y sigue ahí. Si Warren puede hacerlo, tu también puedes. Vive en un lugar más pequeño para que puedas pagar una renta menos elevada.

Esto tiene que ver con la ley de Parkinson: los gastos aumentan hasta equiparar el ingreso. La mayoría de la gente se muda a un lugar más grande y costoso en cuanto su ingreso empieza a aumentar, y como es más grande, compran más muebles a pesar de que no usarán 80% de los mismos. Quédate en un lugar pequeño, toma el dinero adicional, ahórralo, guárdalo, inviértelo. Recuerda que el único dinero que te será de algún valor es el que se multiplica y te da retornos en algún momento.

Hace mucho tiempo, en los ochenta, estaba trabajando en un pequeño desarrollo de bienes raíces y vi el anuncio de un complejo de condominios que estaban vendiendo de manera individual, es decir, condominio por condominio. Podías adquirir uno por 1 250 dólares y luego hacer los pagos mensuales. Fui a visitarlo y vi que dando 1 250 dólares podría enganchar una unidad de entre 30 mil y 35 mil dólares. En ese tiempo no sabía nada sobre inversión, pero sabía que podía pagar 1 250 dólares, así que los cargué a la tarjeta de crédito.

Compré un pequeño condominio y luego me enteré de que los otros dueños los estaban rentando en 275 dólares mensuales. Anuncié el mío en el periódico local: pedí 250 dólares y conseguí inquilino de inmediato. Era una mujer soltera con dos niños. Me pagaba 250 dólares mensuales y la mensualidad que yo tenía que pagar era de unos 275 o 300, así que perdí algo de dinero los primeros seis meses, pero luego aumenté la renta y salí sin perder ni ganar. Seis meses después aumenté la renta 25 dólares.

Tiempo después llegué a un momento en que mi inquilina pagaba entre 350 y 375 dólares mensuales, y además, continuó renovando su contrato varios años. De hecho se quedó mucho tiempo y crio ahí a sus hijos. Pasaron por la primaria y la secundaria, hasta llegar a la universidad. Se quedó 10 años y yo aumentaba la renta con regularidad. En algún momento llegué a recibir 1 250 dólares de ingresos netos por ese departamento. Y recuerda: ¡mi inversión inicial fue de solamente 1 250! Cuando mi inquilina me anunció que sus hijos habían crecido y terminado la escuela, y que se mudaría, vendí el departamento.

En retrospectiva, me parece que vender esa propiedad fue una de las tonterías más grandes que pude cometer. El condominio me pagaba 100% al año en retornos sobre mi inversión inicial de 1 250. ¡Un retorno de 100%! ¿Qué habría pasado si hubiera comprado un condominio así cada año? Cada vez que compras un departamento los bancos te prestan más dinero para adquirir más porque les has demostrado que puedes ser exitoso en los bienes raíces.

Es una de las cosas que hizo Warren Buffett. Compró empresas que le generaban flujo de efectivo, y luego tomó éste para adquirir más empresas que también le generaban flujo de efectivo. Fue como una manguerita que poco después se convirtió en una manguera de bomberos y ahora produce 25 mil millones de dólares al año. Estamos hablando de dos mil millones de dólares que Buffett puede usar, sumándolo a más dinero que el banco estará dispuesto a prestarle porque le dan lo que él quiera.

Si yo hubiera hecho lo mismo, ahora tendría edificios de departamentos, pero era demasiado joven para siquiera pensar en esa posibilidad. Cualquiera puede hacerlo. Si encuentras un departamento o condominio en venta cerca de ti, si haces la tarea, pagas el enganche y te aseguras de limpiarlo y arreglarlo, puedes comenzar tu imperio de bienes raíces.

DAN

Es una manera increíble de gastar en algo importante que también te dará un retorno.

¿En qué categorías sería bueno gastar más si uno se toma en serio el plan de generar riqueza? ¿Podríamos pensar, por ejemplo, en la educación continua, equipo de alta calidad que pueda aumentar la eficacia en tu negocio, etcétera?

BRIAN

Se debe seguir la regla de Earl Nightingale: invierte 3% de tus ingresos en ti mismo, en mejorar tus habilidades. En el momento en que conocí este principio empecé a practicarlo, y ahora veo que no hay límite para lo que puedes invertir en mejorar tu capacidad.

Durante algunos años gasté miles de dólares en esto. Estudié una maestría ejecutiva en administración de negocios en la universidad, la cual duró dos años y me costó miles de dólares, pero me parece que fue una inversión inigualable.

Hace poco se acercó a mí un caballero y me dijo: "Hace ocho años vine a su seminario y en él aprendí la regla del 3%: invierte 3% en ti mismo". En aquel entonces, este hombre vivía en su casa con su madre. Ganaba 20 mil dólares al año y tenía un automóvil viejo.

Le dije: "¡El 3% de 20 mil es 600!" El hombre se compró un par de audiolibros de Nightingale-Conant, empresa de nuestro querido amigo Earl Nightingale. También adquirió algunos libros y asistió a otro seminario. Ese año sus ingresos aumentaron de 20 mil a 30 mil dólares, es un incremento de 50%, exactamente lo que predije. El hombre añadió que veía la conexión directa entre el incremento y lo que aprendió en los audiolibros.

Cuando empezó a ganar 30 mil dólares, hizo el cálculo: 3% de 30 mil es 900, y el año siguiente gastó 900 dólares en lo necesario para mejorar sus habilidades, y su ingreso aumentó a 50 mil dólares. El año siguiente gastó 1 500 en el mismo rubro y sus ingresos subieron hasta alcanzar los 80 mil dólares. Estaba convencido de que la regla funcionaba, así que aumentó el gasto a 5% y sus ingresos casi se duplicaron. Entonces decidió echar la casa por la ventana: el quinto año gastó 10% en sí mismo y sus ingresos se duplicaron. Luego repitió la receta.

Le pregunté cómo le iba ahora y me dijo que este año había sobrepasado la marca del millón de dólares y que continúa invirtiendo 10% en sí mismo. Ésta fue nuestra conversación:

—Pero, 10% de un millón son 100 mil dólares anuales, ¿cómo demonios lo hace? —pregunté.

—Admito que es difícil. Solía asistir a los seminarios, pero ahora contrato a los conferencistas para que vengan a mi casa y pasen un día completo entrenándome. Tengo *coaches* particulares, tengo asesores. También viajo para asistir a conferencias internacionales. Tengo mi propia biblioteca de aprendizaje en la que hay varios aparatos de televisión, videos, DVD, audios y libros. Es difícil gastar 100 mil dólares, pero mis ingresos continúan aumentando 10, 20 y 30% al año. Además, todos estos gastos son deducibles de impuestos.

En verdad funciona. La revista *HR* investigó a cuánto asciende el retorno de empresas de todo el país que invierten en capacitación y entrenamiento. Descubrieron que es una ganancia de entre 22 y 33 dólares por cada dólar invertido.

Hace un par de días hablé con una mujer muy adinerada que me dijo: "Hace 22 años compré uno de sus audiolibros de Nightingale-Conant. Mi esposo y yo lo escuchamos una y otra vez. Llevábamos casados tres o cuatro años, y teníamos un hijo. Entonces empecé a decir: 'Me simpatizo a mí misma y puedo ganar un millón de dólares al año. Estoy ganando un millón de dólares al año'. Mi esposo y yo repetimos las afirmaciones y, ¿sabe qué? Antes de que se cumplieran cinco años mi esposo ya estaba ganando un millón de dólares anuales en Wall Street. Gracias a ese audiolibro nos volvimos ricos".

He conocido gente que, gracias a un libro, un audiolibro, un curso, un seminario o un programa de entrenamiento, aumentó sus ingresos al año siguiente. Tengo un amigo que pagó 100 mil dólares para contratar a un *coach* personal todo un año e incrementó sus ingresos en un millón de dólares al año siguiente.

Así que la mejor inversión, el mejor gasto, es el que puedas hacer en ti mismo. Gasta en convertirte en alguien mejor. ¿Qué pasaría si se presentara una persona con una inversión y te dijera: "Me gustaría que invirtiera usted en esto. Me parece que es un negocio muy bueno y tiene enorme potencial"? Podrías mirar a esa persona y decirle: "No, no invertiré en eso porque no creo que tenga futuro. No creo que vaya a tener éxito. Sería un desperdicio de dinero".

¿Cómo se aplica esto en la inversión que podrías hacer en ti mismo? A un nivel inconsciente, la gente que no invierte en sí misma siente que no merece las cosas, duda de sí, le cuesta trabajo creer en sí misma. Son personas que en algún momento dieron por hecho que no lo valen, que invertir en ellas es un desperdicio porque no tienen futuro.

Siempre es fácil identificar a quienes se han dado por vencidos: son gente que no invierte en sí misma. Sé que a muchos les dará un ataque al leer esto, pero es la verdad. Verás, otro de los grandes descubrimientos de la humanidad es que la única manera de conocer las creencias de alguien es fijándose en lo que esa persona hace. Y en especial, en lo que hace cuando tiene opciones. Uno siempre elige lo que coincide con sus creencias y valores más profundos e íntimos.

Así que, si te dan a escoger entre comprar un café latte o un CD, si te dan a escoger entre ir de vacaciones o asistir a un seminario, y tú eliges la diversión, optas por la actividad que te permitirá relajar la tensión, lo que estás diciendo en realidad es que, para ti, eso es más importante que tu crecimiento y tu desarrollo personal.

Todo lo que haces se convierte en un hábito. Dentro de poco te formarás el hábito de nunca invertir en ti mismo; será automático. De hecho, si alguien se acercara a ti y te dijera: "Deberías comprar un ejemplar de este libro; acaba de salir en versión de bolsillo y cuesta solamente 12 dólares", te molestará que esa persona sugiera siquiera que salgas de tu zona de confort. Te enojarás y opondrás resistencia. Incluso actuarás de manera negativa contra cualquiera que te sugiera invertir en ti mismo.

Louise Hay, autora espiritual, dijo que el mayor problema de la raza humana era pensar: "No soy suficientemente bueno. No vale la pena que invierta en mí mismo porque no lo valgo, y no servirá de nada porque no tengo futuro". Quizá me digas: "No, yo nunca tomé una decisión así", y tal vez no lo hayas hecho conscientemente, pero lo hiciste por defecto.

Es como decir: "Yo nunca decidí ser una persona con mala condición física". No, pero si decidiste no hacer ejercicio, entonces tomaste la decisión por defecto. Si eliges no comprometerte, estás decidiendo fracasar en la vida. Si no trabajas en ti mismo, no tendrás futuro.

Otra manera de verlo es imaginando que eres una acción bursátil. ¿Invertirías en ti? ¿Te comprarías? Qué susto, ¿no? ¿Crees que eres una acción con posibilidad de crecimiento? ¿Eres una acción en la que viudas y huérfanos podrían invertir porque tu valor no cesa de aumentar?

Hace muchos años me metí en dificultades económicas. Estaba en bancarrota y necesitaba dinero. Un amigo mío, un individuo muy inteligente, me dijo: "Yo puedo prestarte algo de dinero si a cambio me das 20% de tus ganancias a futuro!" En ese momento mi negocio no estaba generando nada, pero mi respuesta fue: "Seguro, no hay ningún problema". Mi amigo se dio cuenta de que yo era una acción con posibilidad de crecimiento, así que me dio los 10 mil o 20 mil dólares que yo necesitaba para salvar mi negocio. Entonces comencé a tener ganancias. Primero fueron 10 mil dólares, luego aumentaron a 20 mil, y luego a 30 mil. Y de eso le di 20 por ciento.

Con el tiempo pude comprar mi alma de vuelta. En lugar de estar pagándole intereses sobre mi ingreso por tiempo indefinido, le di 40 mil dólares. Fue el retorno de 100% más inteligente que le haya dado a alguien a cambio de su dinero.

Piénsalo: ¿eres una acción con potencial de crecimiento? ¿Eres el tipo de acción que me hará pensar: "Si invierto en ti me volveré rico porque estás aumentando tu valor de una manera insuperable"?

DAN

Para los empresarios y propietarios de pequeñas empresas, ¿cuáles son algunos de los más grandes errores de gasto que comete la mayoría de los dueños de negocios?

BRIAN

La regla número uno para comenzar un negocio es: conservar el efectivo, conservar el efectivo, conservar el efectivo. Esto significa nunca comprar si puedes arrendar a largo plazo. Nunca arriendes a largo plazo si puedes rentar por algún tiempo. Nunca rentes por algún tiempo si puedes pedir prestado. Nunca pidas prestado a largo plazo si puedes hacerlo a corto plazo. Por lo tanto, nunca rentes oficinas a largo plazo, si tienes que mudarte, lo harás y punto. Usa muebles de segunda mano, es algo que aprendí con el tiempo: por ahí venden muebles a 10 centavos, y con eso te bastará por el momento.

Recuerdo que hace muchos años me pidieron que estableciera la distribución de una línea de vehículos japoneses para el oeste de Canadá. Encontré unas bodegas en un distrito especializado en este tipo de inmuebles. Compré mobiliario usado para las oficinas, el departamento de refacciones y todo lo demás. Luego mis colegas japoneses vinieron de Tokio a ver las instalaciones. El gerente entró y dijo: "¡Ajá! Oficinas económicas. Mobiliario económico. Me agrada. Oficinas económicas, ganancias elevadas. Nos agrada que nuestros distribuidores tengan buenas ganancias".

El gerente dijo que con frecuencia veía a distribuidores que pedían prestado mucho dinero para abrir oficinas nuevas, y pagaban demasiado por tener todo de primera clase y recién salido de la tienda. También mencionó que casi todos terminaban en bancarrota antes de generar suficientes ganancias. "Oficinas económicas, ganancias elevadas", repitió. Y yo nunca lo olvidé.

Ésta es una lección muy importante que aprendieron muchas empresas que se desplomaron durante el colapso punto-com. Rentaron oficinas de primera clase, compraron todo de lujo y nuevo, y luego se quedaron sin efectivo.

Tú necesitas conservar tus recursos, tu efectivo. Si te es posible, no lo gastes nunca; ahorra tu dinero. Pide prestado o renta a corto plazo. Incluso pide prestado a tus amigos, pero conserva el efectivo porque es como oxígeno para el cerebro: sólo con él puedes sobrevivir. Si te quedas sin recursos, tu empresa puede voltearse como un barco en el mar y hundirse de inmediato. Incluso una empresa que ha operado 100 años puede venirse abajo si se queda sin efectivo.

Guarda tu dinero, es una de las cosas que he aprendido porque yo también cometí esos errores.

DAN

Brian, para cerrar este tema, ¿hay tres claves o principios que no debamos olvidar nunca respecto al tema de la ciencia del gasto?

BRIAN

En primer lugar, escribe todo. Lo más importante es diseñar un plan financiero, así que escribe todo con lujo de detalle. Escribe cuánto crees que van a costar las cosas y luego verifica de nuevo. Muchas empresas han quebrado porque subestimaron el costo del mobiliario básico, de materias primas, de los empleados esenciales, de la publicidad de base. No hicieron bien su tarea. La frase *hacer la tarea* se ha convertido en una de mis preferidas porque me recuerda los errores que he cometido en los negocios. La gente establece compromisos financieros y toma decisiones sin contar con la información suficiente.

Haz un plan financiero exhaustivo. Escribir todo te fuerza a pensar con mucho detenimiento en cada aspecto. Muchos empresarios odian hacer presupuestos porque son gente que no sabe trabajar muy bien con los detalles, lo mejor es que busques a alguien más en ese caso. Consigue un contador, alguien a quien le encanten los puntos finos. Luego escribe una lista de todo lo que tal vez necesitarás para llevar a cabo tu negocio. Busca varias opciones y compara precios, verifica varias veces, llama por teléfono, pregunta una vez más y, sobre todo, mantén tus gastos al mínimo.

La segunda clave consiste en diferir los gastos fuertes cuanto más puedas. Si crees que necesitarás un nuevo sistema informático o algo así, difiere el gasto uno o dos meses, no es urgente comprarlo. Te darás cuenta de que la gente que vende este tipo de cosas hace todo lo necesario para que te apresures y compres. Si son vendedores por comisión, sólo la obtienen cuando tu cheque es cobrado sin problemas.

Tanto en las finanzas personales como en las de negocios, descubrirás que si esperas 30 días para tomar cualquier decisión, lo más probable es que no hagas la compra. Tenemos la tendencia a pensar: "Ah, es una idea genial: comprar un auto o una computadora nueva, o cualquier otra cosa". Pero si dejas pasar 30 días antes de hacer cualquier movimiento, te sorprenderás al ver lo acertado de tu decisión, e incluso, lo común que es no terminar comprando el activo. Yo a veces decido adquirir algo, pero luego me doy un plazo de 30 días. Para cuando el plazo se acaba, a veces ni siquiera recuerdo por qué me interesaba comprar eso, así que date el mayor tiempo posible.

La tercera clave es pedir consejo a gente con más experiencia o que es más cuidadosa con el dinero. Yo tengo algunos amigos que son muy, pero muy minuciosos respecto a sus gastos. Cuando les pido su opinión sobre cierta decisión de compra, suelen darme muchas buenas ideas: "No compres esto. No lo compres ahí, puedes conseguirlo más barato en tal lado. En realidad no lo necesitas. Puedes pedirlo prestado aquí. Puedes hacer otra cosa, ve a tal lugar".

A veces puedes rentar instalaciones y espacios de almacenaje. Jeff Bezos, fundador de Amazon, es el cuarto hombre más rico del mundo, y una de sus estrategias fue que, al ver que la empresa tenía una enorme capacidad informática en una nube, y que de hecho era más de la que necesitaba, empezó a rentar el espacio. Ahora les renta este sitio a miles y a decenas de miles de empresas, y con eso genera miles de millones de dólares al año.

Así que, si tú o yo iniciáramos un negocio, podríamos entrar a Amazon, engancharnos y comprar todo lo que necesitamos. Asimismo, Amazon, al igual que eBay, vende cualquier cosa en nombre de otros, por lo que no necesitas tu propia tienda, ni siquiera tu propio sitio de internet. Hay otras empresas que pueden hacerte el sitio, como Google. Se encargan de todo para que tú puedas poner tus productos o servicios a disposición de toda la gente alrededor del mundo.

Todas éstas son maneras de ir postergando los gastos hasta que no te quede otra opción más que incurrir en ellos. Deberá ser un momento en que tu empresa haya crecido tanto, y las ganancias que obtendrás por hacer el gasto serán tan abundantes, que se pagará solo, e incluso en exceso.

Capítulo 4

La ciencia de la deuda

Otra área de la ciencia del dinero por la que la mayoría de la gente debe pasar es la deuda. La deuda es algo muy común en todos los niveles de ingreso y a cualquier edad, sin embargo, ¿sabías que no toda se genera de la misma manera? ¿Sabías que la gente rica incurre en deudas muy distintas a las de la mayoría de la gente pobre o la clase media? ¿Cuál es la mejor manera de salir del gran foso de la deuda de consumo?

DAN

Brian, por favor empieza describiendo tu experiencia personal con la deuda, tanto cuando eras joven como ahora que eres un hombre adinerado y dueño de un negocio. ¿Alguna vez batallaste por dinero que debías? Si así fue, ¿cómo lograste salir del foso de la deuda de consumo? De lo contrario, ¿bajo qué principios te registe para mantenerte libre de deudas?

BRIAN

Al terminar la preparatoria no me gradué porque preferí realizar trabajos manuales, así que no me endeudé como muchos estudiantes. Nadie me habría prestado dinero de todas formas. Tampoco tenía tarjetas de crédito, sólo tenía en el banco suficiente dinero para pagar mis gastos, así que pagaba todo en efectivo.

Trabajé varios años y viajé al extranjero. Visité 80 países "a pata", como solía decirse: pidiendo aventón, tomando autobuses, o en camionetas de carga. Me detenía a trabajar aquí y allá para ganar dinero y continuar viajando. Incluso cuando empecé a ganar más en ventas seguí pagando todo en efectivo, porque en ese tiempo vivía en el extranjero. Tenía dinero en el banco, pero nada de deudas.

El tiempo pasó y decidí poner mi propio negocio. A veces bromeo y digo que cuando pones tu negocio regresas al negocio de las ventas: yo tuve que vender mi casa, mi automóvil, mis muebles y todo lo que poseía. Además tuve que echar mano de los ahorros que había logrado acumular. Renté una oficina pequeña porque sabía que si no eres cuidadoso cuando comienzas puedes terminar cayendo por el barranco.

Hay un principio que dice que todo cuesta el doble de lo que imaginas y toma tres veces más tiempo, así que si crees que en seis meses saldrás a la par con los gastos, mejor hazte a la idea de que serán 12 meses. Todo te costará más y necesitarás cosas que nunca imaginaste. Incluso haciendo el mejor presupuesto posible y engrosándolo entre 50 y 100%, los gastos te sorprenderán.

Debido a todo esto, me endeudé muchísimo y tuve que pedir prestado. Había ordenado a distintas compañías artículos de impresión y correspondencia, mobiliario, equipo y suministros.

Pensé que todo saldría de maravilla, pero tuve que usar por completo mis recursos hasta que el dinero se acabó. Entonces empezaron a tocar a mi puerta, a llamarme por teléfono y a acosarme, ya sabes. Todo era llamadas, facturas y cobradores buscándome sin cesar. Empecé a sentir pánico.

No teníamos dinero para nada. Vivíamos en una casa rentada y yo batallaba todo el tiempo, así que tuve que recortar mis gastos. Cuando comienzan un nuevo negocio, muchas personas piden prestado a sus amigos o familiares, o cargan sus tarjetas de crédito hasta el tope. Yo tuve que pedir dinero prestado y poner como garantía mi automóvil y muchos otros bienes.

Me senté a pensar y me di cuenta de que tenía que salir de esa deuda si no quería terminar en bancarrota. Supuse que si trabajaba con mucho empeño lo lograría. Lo primero que tenía que hacer era ir a mi banco para liquidar un crédito revolvente de aproximadamente un año. Al banco le pedí prestado cuando tenía casa, pero ahora no tenía casa y, para colmo, todavía tenía que cubrir las mensualidades.

Luego leí por ahí que si conservabas el préstamo actual en forma de intereses, no aparecería en los registros del banco como un préstamo no pagado, es decir, no tendrían que reportarlo y, por lo tanto, tampoco sería necesario embargar propiedades o activo. Entonces hablé con el gerente de mi banco.

—Mire, no puedo pagar el capital, pero puedo seguir pagando intereses sobre este préstamo hasta que se recupere mi negocio, lo cual debería suceder en los próximos tres o seis meses —expliqué.

—Muy bien, Brian, mientras pueda seguir pagando intereses, yo no tengo problema porque el préstamo sigue vigente —dijo.

Luego fui a hablar con cada uno de mis acreedores.

—Mire, tengo un problema: debo todo este dinero y no puedo liquidar la deuda que tengo con usted, pero le pagaré una pequeña cantidad cada mes como señal de buena voluntad y, si me lo permite, liquidaré lo que le debo en entre seis y 12 meses.

—Está bien, si hace pagos mensuales de buena fe, lo puedo esperar —me dijeron todos sin excepción.

Si debía mil dólares, por ejemplo, pagaba 50 al mes.

Regresé a trabajar, y seis meses después mi negocio ya estaba en otra situación. Pude liquidar mis deudas, ponerme al corriente con mis préstamos y acomodar todo de nuevo en su sitio. Fue un año y medio espantoso, pero después de eso no volví a endeudarme.

Por eso anteriormente dije que era una tontería absoluta decir: "No gastes tu propio dinero cuando comiences tu negocio". Cuando empiezas tienes que gastar cada centavo de lo que logres pedir prestado, suplicar o robar: todo lo que poseas o hayas acumulado hasta entonces. Según la revista *Forbes*, 80% de los negocios nuevos quiebran en menos de dos años. Dicen que cada nuevo emprendimiento es una carrera contra el tiempo: ¿puedes encontrar la manera de generar más dinero del que estás invirtiendo antes de que se te acabe?

Imagina un avión cayendo en picada. Va directo a tierra y se acerca cada vez a mayor velocidad. Eso es lo que le sucede a tu negocio, así que debes encontrar la manera de remontar el vuelo, de llegar a ese instante en el que empiezas a elevarte de nuevo. Según las reglas de los negocios, toma dos años llegar a operar sin perder ni ganar, y dos años subsecuentes para pagar todo lo que pediste prestado en los dos primeros. De acuerdo con

Peter Drucker, ningún negocio genera ganancias sino hasta cuatro años después, así que, si tu plan no contempla esto, estás loco de remate.

Alguien me dijo que es un esquema de dos, dos, tres: dos años para salir sin ganar ni perder, es decir, "salir tablas"; dos años más para ponerte al día con tus deudas, y tres años más para salir disparado hacia el cielo y empezar a tener ganancias. Por esta razón, es recomendable tener suficiente dinero para mantenerte los dos primeros años, de lo contrario, sufrirás una crisis económica.

Al escuchar esto, me dije: "Qué tontería, eso no me pasará a mí. Yo soy distinto, soy superior". Me tomó siete años, tal como lo dice toda la gente con la que he hablado y que menciona la regla de los siete años. Todo cuesta el doble y toma tres veces más tiempo del que pensaste. Te toma dos años dejar de tener pérdidas, dos años pagar tus deudas, y tres empezar a tener ganancias, en total siete. Cuando alguien llega a ser por fin un empresario exitoso, ya pasó por toda estas etapas.

Cada vez que lees esas historias sobre gente que se volvió rica muy pronto en Silicon Valley, créeme que se debió exclusivamente a verdaderos milagros tecnológicos. Vivimos en una era increíble, pero recuerda que hay 30 millones de negocios en Estados Unidos, y que de ésos, alrededor de 100 mil son de alta tecnología, en tanto que los restantes son empresas pequeñas o medianas de gente que trata de vender sus artículos o servicios y mantenerse a flote.

DAN

Brian, ya mencionamos que hay diferentes tipos de deuda. Existe lo que llamamos deuda buena y también la deuda mala. Por favor describe la diferencia entre ellas y danos algunos ejemplos específicos.

BRIAN

Hablamos de esto anteriormente: la deuda buena es la que se paga sola. Por ejemplo, si compras productos para revender, si inviertes en publicidad que atrae clientes que comprarán tu producto, si capacitas a tu personal para que venda más productos, si inviertes en viajes para reunirte con clientes y tienes que cargar estos gastos en la tarjeta de crédito, puedes esperar un retorno sobre inversión. Es decir, esperas ganar mucho más de lo que estás pagando ahora.

La deuda mala es en la que gastas el dinero y éste desaparece para siempre, como cuando compras muebles. Nosotros cerramos nuestras oficinas centrales porque reorganizamos el negocio. Abrimos oficinas que son dos veces más grandes, pero están mucho mejor diseñadas para la empresa de marketing digital que somos. Nuestros empleados querían un espacio más abierto y mobiliario moderno. Antes teníamos oficinas tradicionales con mobiliario del mismo tipo, y yo había pagado por eso miles de dólares porque eran muebles hermosos, escritorios de caoba de alta calidad.

Llegó el momento de deshacerse de todo, así que preguntamos si alguien quería comprarlo, pero nadie lo quería ni regalado. Esto es deuda mala. En algunos casos tuvimos incluso que pagar un servicio de transporte para que la gente aceptara los muebles como regalo. La oficina se quedó prácticamente vacía y nosotros no sacamos ni un centavo tras deshacernos de un mobiliario que costaba decenas de miles de dólares. Te repito, eso es deuda mala, la que no te ofrece retornos.

Al igual que muchas otras empresas, también cometimos el error de ordenar productos en exceso. Esto sucede cuando crees que vas a vender mucho, pero no es así y de todas formas tienes que pagar los productos. Tienes planes de pago de 30 o 36 días, una bodega llena y los productos no se venden. Muchas compañías quiebran porque tienen almacenado un inventario demasiado abundante: éste es otro ejemplo de deuda mala.

Pero entonces, ¿por qué comprar producto en exceso? Porque si compras por volumen puedes conseguir precios más bajos. Al principio, sin embargo, es mejor comprar cantidades pequeñas aunque los precios sean más elevados y tu ganancia menor. De esa manera, al menos no te expones, tu efectivo no se desvanece y no terminas con una bodega repleta de productos invendibles. El inventario muerto también puede aniquilar a un negocio, es otra manera de incurrir en deuda mala. Tienes cierto inventario, y si no lo transformas en ventas rápido, podría destruir tu negocio. Este tipo de deuda mala es una de las razones más importantes por las que una empresa puede quebrar.

DAN

Hablemos un poco sobre algunas de las formas de deuda de consumo malas. Ya mencionamos las tarjetas de crédito y sus elevadas tasas de interés. Los préstamos a largo plazo para financiar automóviles también son muy populares ahora y pueden llegar a ser de 72 meses o más. También hay formas de líneas de crédito con base en el patrimonio inmobiliario, es decir, hipotecas. ¿Nos puedes hablar de estos tipos de crédito y sobre la manera en que suelen hacerte incurrir en deuda mala si no los usas de la manera correcta?

BRIAN

La industria de las tarjetas de crédito recibe sus ganancias de los pagos de intereses, los cuales pueden ser de entre 18 y 23%. O incluso más porque detrás de ellas hay todo tipo de pagos ocultos, como los cargos por pagos retrasados. Por esta razón, la única manera correcta de usar una tarjeta de crédito es liquidando el saldo cada mes. La deuda en tarjetas de crédito es la más elevada que puedes tener, por eso la industria de estos servicios gana miles de millones de dólares. La de tarjeta de crédito es una de las peores formas de deuda personal existentes.

Los financiamientos a largo plazo para comprar autos son otro tipo de deuda mala porque, en pocas palabras, estás comprando demasiado automóvil. Uno debería poder pagar su vehículo en 36 meses, así que, si te toma más tiempo significa que estás comprando demasiado automóvil. Compra menos, controla tu ego.

En cuanto a las líneas de crédito con base en tu casa, es decir, en el patrimonio inmobiliario, se puede decir que, como no cuesta nada ejercerlas, los bancos quieren que las uses. Yo tengo una línea de crédito de este tipo y me cuesta 250 dólares al año. Estos instrumentos son un verdadero colchón cuando tienes un negocio y el banco se niega a darle a tu empresa una línea de crédito. Si tienes una casa, puedes solicitar una hipoteca, sólo asegúrate de leer las letras pequeñas y que los costos por el manejo de la línea de crédito sean muy bajos. Estos detalles son esenciales.

Quiero volver a mencionar el tema de comprar mobiliario con tarjeta o a través de planes crediticios. Cuando yo era joven y tonto fui a una mueblería y vi que tenían planes maravillosos, así que decidí amueblar todo mi departamento. La tienda tenía su propio plan de financiamiento: sólo firme aquí y allá. La tasa de interés era de 24% al año, pero yo no sabía que era una tasa como de la mafia, ni que así era como la mueblería generaba sus ganancias. Vendían muebles usados y los financiaban ellos mismos a 24%. Además, tenías que dar un enganche, pero no me di cuenta de nada de esto sino hasta que empecé a pagar las facturas. Entonces pensé: "Ay, Dios mío, si esta deuda dura tres años, voy a terminar pagando el doble de lo que cuestan los muebles", y decidí pagar todo en ese momento.

Siempre que te comprometas económicamente, date tiempo de llevar los documentos a casa, sentarte, revisarlos y leerlos bien, parte por parte. Si no entiendes algo, pide que te den una explicación completa. Algunos de estos documentos los escriben genios que saben cómo confundir a la gente común, así que no subestimes ninguna cláusula. En el caso de las tarjetas de crédito, por ejemplo, podría decir 0% de interés los primeros seis meses, pero eso sólo aplica si pagas 100% cada mes o si mantienes un saldo de dos mil dólares. Lee las letras pequeñas porque podrías quedarte atrapado. Puede decir 0 o 1% al mes, o 12% anual, etcétera.

También sé muy cauteloso cuando te llamen por teléfono para hablarte de ofertas especiales a través de tus tarjetas de crédito, de tu plan telefónico o de cualquier otro servicio. Estas ofertas especiales suelen costar una barbaridad e incluir una comisión de entre 50 y 80% para la persona que te está marcando. Siempre tratan de venderte cosas que no necesitas: seguros adicionales, garantías extendidas para tu automóvil o equipo como computadoras y celulares. Pueden ser planes excesivamente costosos que para ti no tienen ningún valor.

DAN

¿Nos puedes dar una idea clara de la manera responsable de utilizar estas formas de deuda? Por ejemplo, las tarjetas de crédito cuyo saldo se liquida cada mes, las líneas de crédito para invertir en negocios, o los financiamientos económicos y a corto plazo para adquirir un automóvil. Hagamos énfasis en que, para quienes no cuentan con la disciplina necesaria para ejercer estas formas de deuda de manera responsable, lo mejor es mantenerse alejados por completo.

BRIAN

Esto dependerá de tu calificación crediticia y tu destreza, pero tengo tres recomendaciones distintas. La primera es la *consolidación de deuda*. La consolidación de deuda implica reunir todas tus deudas y asignárselas a una sola empresa, de esa manera sólo deberás pagarle a un acreedor. Aunque muchas empresas hacen esto, necesitas tener cuidado porque ganan mucho dinero a través de las comisiones que cobran por consolidar lo que debes. Sus ganancias son exorbitantes. Además, casi toda la gente que se compromete a una consolidación termina en aprietos porque, como siente que ya solucionó el problema inmediato, empieza de nuevo a gastar más de lo que puede pagar. Esto conduce a otro incumplimiento en el pago y a otra consolidación.

El autor de asuntos financieros Dave Ramsey sugiere otra manera que implica hacer una lista de todo lo que debes y pagar la deuda menos importante primero. Es una buena idea porque pagar y eliminar una primera deuda de la lista te da un impulso psicológico para atacar la siguiente.

Otra recomendación que me gusta dar es saldar primero la deuda que tenga la tasa de interés más alta. Revisa tus tarjetas de crédito, algunas te cobran 18%, otras 23 y otras más 30%. Paga primero las que te cobren la tasa de interés más elevada, dedícales todos tus ahorros. Algunas personas te sugieren pagar un poquito aquí y un poquito allá, pero yo sugeriría hacer los pagos mínimos en las otras sólo para mantenerlas al corriente: mientras sigas pagando el mínimo, no pueden salir a cazarte.

Una vez que hayas decidido salir de deudas, puedes elegir entre varias estrategias, una de las cuales es empezar a ahorrar tu dinero. La regla de George Clason es pagarte a ti mismo primero, lo cual te obliga a ahorrar 10% de tus ingresos cada mes. Sin embargo, si tu deuda es muy grande, tienes que empezar de a poco. Pero no te preocupes, hay dos maneras de hacerlo.

Digamos que estás endeudado y quieres ahorrar dinero y pagar lo que debes al mismo tiempo. Entonces no puedes ahorrar 10% al mes. Lo que yo te recomiendo es empezar a ahorrar 1% y vivir con el 99% restante. Los seres humanos son creaturas de hábitos, así que, si te es posible, toma 1% de tu salario y ahórralo al principio de cada mes, sácalo de inmediato de tu cheque de nómina. El 99% restante te permitirá vivir con bastante comodidad. El segundo mes ahorra 2%, el tercer mes, 3 por ciento.

En un año puedes llegar a ahorrar 12%, pero las restricciones en tu calidad de vida serán tan pequeñas que ni siquiera las notarás. Tal vez un día sea un café latte. Escribe todo lo que gastas para que cobres conciencia de que estás desembolsando ese dinero. El mero hecho de escribirlo te ayudará a no gastarlo, y cuando lo tengas, ahórralo. A medida que empieces a ahorrar y a hacer crecer tu cuenta de la libertad financiera, algo notable les sucederá a tus deudas. Tu espacio mental cambiará, tu actitud respecto a la deuda será otra y dejarás de acumular deuda.

Muchos recomiendan destruir tus tarjetas de crédito y pagar todo en efectivo. Yo no lo recomiendo porque me parece algo severo y porque no resulta práctico andar cargando efectivo todo el tiempo. Yo llevo conmigo tres tarjetas de crédito aunque tengo muchas más que nunca uso. Las que tengo en la cartera son tres de crédito y una de débito, y cada mes saldo las deudas en todas. Si no pagas la deuda completa cada mes, el adeudo se puede acumular con mucha rapidez; es algo que aprendí a la mala, por eso no tengo deuda en ninguna tarjeta.

Otro aspecto de salir de deudas es que, cuando empieces a ahorrar 1% al mes, de pronto descubrirás que gastas menos y menos en deuda. Tal vez te tome dos o tres años, pero llegará un momento en el que no debas nada y no desees volver a estar en esa situación jamás. He conversado con mucha gente que lo ha logrado y puedo decirte que les cambió la vida.

Cuando estás endeudado te sientes inferior, ansioso, inseguro y, además, tienes una actitud negativa. Veamos la diferencia entre dos personas. Una de ellas tiene dinero en el banco y la otra está endeudada. Quien tiene dinero en el banco tiene confianza en sí mismo, es positivo y extrovertido. La persona que debe se siente un poco inferior, es más cautelosa y servil con la que tiene dinero. Cuando sales de deudas tu personalidad se transforma, por eso mucha de la gente que lo logra no vuelve a caer en lo mismo.

Puedes hacerlo, sólo necesitas 1% al mes, y si implementas algunas de las otras prácticas para aumentar tus ingresos sobre las que hemos hablado, tu ahorro crecerá. A medida que tengas más ahorrado, empezarás a conservar tu dinero en lugar de gastarlo y de usarlo para pagar tus deudas.

DAN

Brian, ¿eres de los que cree que vale la pena continuar pagando una hipoteca en lugar de liquidar la deuda de inmediato? ¿Crees que es buena idea acelerar los pagos?

BRIAN

Hay varias opiniones distintas al respecto. Nosotros tenemos una hipoteca de 3% sobre nuestra casa y, si lo piensas, no hay nada en lo que puedas invertir tu dinero con una tasa de 3%. Si la tasa de interés es baja, es mucho mejor continuar pagando la hipoteca, en especial en el estado en que se encuentra hoy en día el mercado de bienes raíces, es decir, que el valor de las casas aumenta con más rapidez que las mensualidades que pagas. La hipoteca es una inversión porque el valor de lo que adquieres realmente está aumentando.

Otra de las estrategias consiste en liquidar la hipoteca por completo o en hacer pagos adicionales. Digamos que recibes bonos, comisiones por ventas o cualquier otra forma de dinero en efectivo, puedes usar todo esto para pagar la hipoteca. Algunos dicen que si haces dos pagos principales al mes, puedes liquidarla en la mitad de tiempo.

Es una buena estrategia porque, aunque exige un poco de sacrificio, no afecta el estilo de vida de la gente. Además, te puede ayudar a disminuir una hipoteca de 36 a 15 años, después de los cuales serás el dueño de la propiedad y ya no deberás nada.

DAN

Otro de los temas que se debaten mucho hoy en día es el de los préstamos para estudios universitarios. Hablemos de este tipo de deuda que algunos consideran mala, y otros buena porque significa invertir en ti mismo para el futuro.

BRIAN

Justamente hace poco estaba haciendo lecturas profundas respecto al retorno de inversión según los distintos tipos de estudios. Las carreras de STEM, es decir, ciencia, tecnología, ingeniería y matemáticas, son las que más pagan. Comienzan en unos 76 mil dólares anuales cuando eres recién egresado, pero pueden ascender hasta 136 mil dólares en el caso de los ingenieros petroleros.

Muchas de las carreras que estudia la gente resultan inútiles, y por eso, cuando los estudiantes se gradúan no encuentran empleo. En el último año, 54% de los estudiantes universitarios continuaron desempleados un año después de haberse graduado, porque lo que estudiaron no servía para nada. No son carreras que les permitan aumentar su capacidad de generar ingresos o que les ayuden a producir los resultados por los que una empresa está dispuesta a pagar. En ese caso, ¿para qué pedir dinero prestado?

Es como ir a Las Vegas. Si pides prestado para comprar una casa ahí (los precios en Las Vegas están subiendo entre 7 y 8% tras la recesión), entonces sí es una buena inversión. En cambio, si pides dinero prestado para ir a apostar a un casino, estás haciendo una mala inversión. La gente que pide prestado para estudiar carreras inútiles se está metiendo en una inversión destinada a perder, porque la mitad de este tipo de graduados termina trabajando, por lo menos los dos siguientes años, a cambio de un salario mínimo.

De hecho, 80% de los universitarios nunca trabajan en el área en que se graduaron. Nunca regresan a ella porque las carreras que estudiaron son básicamente para entretenerse, una excusa para ir a la universidad a jugar con sus amigos, organizar fiestas, beber y todo lo demás. Ésa es la diferencia entre una deuda de estudios buena y una mala.

Quien pide prestado para estudiar medicina o para obtener una licenciatura en ingeniería es una persona inteligente porque sabe que será capaz de pagar el maldito préstamo completo en dos o tres años. Si no tienes buenos ingresos porque estudiaste una carrera inútil y sólo tienes acceso al salario mínimo, tienes una deuda mala. Hay gente que tiene treinta y tantos años y, como todavía tiene encima la avalancha de su deuda estudiantil, no puede comprar una casa, obtener un financiamiento para un automóvil, comenzar un negocio o conseguir un préstamo bancario.

DAN

¿Tiene alguna importancia la escuela en que invirtamos? ¿Sería recomendable estudiar en una universidad del circuito Ivy League o te puede ir mejor si sólo te inscribes en cualquier programa universitario acreditado?

BRIAN

Por suerte, el presidente Obama insistió en que, por primera vez en la historia, las universidades reporten cuánto ganan sus egresados a uno, dos, cinco y 10 años después de haberse graduado de una carrera específica. Estas cifras se ponen a disposición del público y, como era de esperarse, los colegios técnicos y las universidades no dejan de quejarse porque no quieren que la gente conozca estas cifras. Afortunadamente, si entras a Google puedes encontrar algunas evaluaciones muy acertadas sobre cuánto podría ganar una persona dependiendo del grado universitario que obtenga en una institución específica.

Hace poco leí un estudio sobre esto; en él analizaban las 10 mejores universidades y las 10 peores en cuanto al retorno sobre inversión. Si estudias leyes o economía en Harvard, por ejemplo, la probabilidad de que obtengas un buen empleo que pague bien es muy elevada porque estamos hablando de una de las mejores universidades. Yale es una de las peores, en cambio.

Si tienes un título de una universidad prestigiosa, pero tu carrera es inútil, no te ayudará mucho a obtener un empleo bien pagado. Toda la información está allá afuera disponible para quien la busque, lo único que necesitas es hacer tu investigación. Puedes averiguar cuáles son las facultades más costosas y las menos costosas también. Antes de endeudarte debes investigar todo lo necesario; es como si fueras a invertir: tienes que asegurarte de que la empresa a la que le darás tu dinero tiene altos niveles de rentabilidad y ventas, y que te pagará dividendos que justifiquen tu inversión.

DAN

¿Crees que la gente que tiene una deuda de consumo mala debería contribuir a los planes de retiro 401(k) o guardar dinero en una cuenta de ahorros? ¿Por qué sí o por qué no? Dicho de otra forma, si tienen una deuda en tarjeta de crédito y están contribuyendo a un plan 401(k), ¿es buena idea que repartan sus recursos entre dos o mejor deberían liquidar su deuda primero, antes de meterle un centavo al plan de retiro?

BRIAN

Una vez más, todo depende de tu situación específica, de cuánto ganes y de cuánto efectivo ilimitado tengas. En general, se considera que un plan 401(k) es una de las mejores inversiones porque se realiza antes de impuestos y suele tener un complemento. Es decir, si ahorras un dólar, tu empleador contribuirá con 50 centavos o con un dólar más. Obtienes el doble y ese dinero se puede acumular.

La mayoría de la gente mayor dice que su más grande arrepentimiento en la vida es no haber empezado a guardar dinero en su cuenta 401(k) antes; creen que debieron empezar desde que comenzaron su carrera porque, de esa forma, al final habrían sido independientes en el aspecto económico.

DAN

¿Crees en el concepto de Dave Ramsey, el experto en libertad financiera y reducción de deuda? Me refiero a la noción de enfocar todos tus recursos en lo que debes y usar el método de la bola de nieve para salir por fin de deudas. ¿Crees que es buena idea fijarte el objetivo de salir de deudas por completo, o te parece que este tipo de vida frugal podría acabar con la creatividad o incluso con el apalancamiento necesarios para tener éxito a una escala mayor?

Pienso, por ejemplo, en el empresario que echa a andar un negocio hipotecando su casa o cargando sus tarjetas de crédito al tope, y en el caso contrario, la persona que pasa años saliendo de deudas, pero por lo mismo, nunca hace despegar su idea de negocio. ¿Hay alguna manera de encontrar el equilibrio en este caso?

BRIAN

La exigencia más importante para tener éxito en la vida, y en particular en los negocios, es la disciplina: el trabajo arduo y la disciplina que tú mismo te impongas. El método de Dave Ramsey exige una disciplina brutal, y hay que recordar que la disciplina autoimpuesta se manifiesta en la gratificación retrasada. La gente exitosa es la que puede retrasar su gratificación inmediata con tal de disfrutar de la seguridad financiera a largo plazo.

El método de Ramsey casi te fuerza a participar en una especie de entrenamiento militar porque tienes que ser sumamente disciplinado con tus finanzas. Como tus hábitos son lo que determinará tu éxito, si eres disciplinado, sabes pagar lo que debes, y puedes salir de deudas y ser muy estricto contigo mismo, lo más probable es que te conviertas en una persona de negocios mucho más apta y eficaz, que tomes mejores decisiones, y que seas más cuidadoso respecto a las deudas y los gastos en que incurras, y en ese caso, este método podría beneficiarte.

Todo lo que le ayude a una persona a desarrollar su disciplina y postergar la gratificación a corto plazo le ayuda a forjar el carácter, la persistencia, la tenacidad, la resiliencia y sus otras cualidades de manera general. Si puedes lograrlo, entonces este método es buena idea, aunque no deja de ser muy difícil, por eso la mayoría no lo aplica. Me parece que Dave Ramsey es muy claro y estricto, si eres una persona seria, lánzate de lleno. Es como si planearas perder peso y decidieras recortar tu consumo a dos mil calorías diarias y lograras mantener ese nivel todo un año sin hacer excepciones.

Tengo un amigo que era obeso. Es un hombre al que conozco desde hace 30 años, y siempre tuvo sobrepeso, unos 15 kilos. Hace unos meses, sin embargo, lo vi y lucía muy esbelto, casi como atleta. No pude evitar preguntarle: "Te conozco de toda la vida, ¿qué diablos sucedió?"

Me contó que adquirió una de esas aplicaciones para contar calorías y que la programó para permitirle consumir sólo dos mil al día. Tienes que ingresar la información de todo lo que comes y las calorías que contiene. En cierto momento, la aplicación te dice: "Alto, no puedes consumir más hoy". Si cubres las dos mil calorías para mediodía, tienes que morirte de hambre hasta el desayuno del día siguiente. Según mi amigo, sólo es necesario que esto te suceda un par de veces para que empieces a distribuir las calorías a lo largo de todo el día. Las últimas las puedes consumir entre seis y siete de la noche para poder acostarte a dormir. Me contó que si eres estricto contigo mismo, no te toma mucho tiempo habituarte.

El adulto promedio consume tres mil calorías diarias, así que, si consumes tres mil y quemas cuatro mil, estarás eliminando mil de más y, con el paso del tiempo, el peso adicional disminuirá. Es algo asombroso, pero tienes que ser muy estricto. Con el método de Ramsey sucede lo mismo. Sé riguroso contigo mismo, desarrolla el hábito de ser frugal y cuidadoso con el dinero, y si logras esto durante un año o dos, continuarás haciéndolo el resto de tu vida.

DAN

Nos hablaste de tu experiencia personal en los negocios cuando empezaste. Hoy en día no es raro escuchar lo que les sucede a muchos empresarios: cargan todo a su tarjeta de crédito hasta saturarla, luego tienen que conseguir una hipoteca y ya conocemos el resto. Algunas personas dicen que es posible empezar un negocio y administrarlo sin deudas desde el principio, sin tener que pasar por estas situaciones. ¿Es realista creer que puedes no estar endeudado cuando empiezas?

BRIAN

Sí. La clave del éxito en los negocios son las ventas. Si tienes uno en el que puedas empezar a vender mercancía recibida a consignación, puedes iniciar de inmediato y generar ingresos antes de tener que pagar algo. Hay muchos sitios de internet en los que puedes comprar productos al mayoreo. Luego puedes desarrollar tu propio sitio y venderlos, de esa manera no tendrás que comprárselos al proveedor sino hasta que hayas asegurado la venta.

El más popular de estos negocios es el del mercadeo multinivel o mercadeo en redes. Puedes involucrarte en este tipo de negocio haciendo una inversión muy modesta con la que adquieres un kit de muestra. A partir de ahí tienes que tomar las muestras, ofrecerlas, hacer la orden, comprar los productos y entregarlos, así generas tu ganancia. El aspecto crucial es tu capacidad para vender, pero en realidad podrías empezar con las manos vacías y vender hasta alcanzar el éxito.

Es a lo que se le llama "salir adelante por cuenta propia", es decir, comienzas con tu propio dinero y vas creciendo gracias a tus ganancias. Es una manera más lenta de echar a andar un negocio, pero con frecuencia es la mejor, porque si no tienes dinero adicional disponible te ves forzado a vender de inmediato, a ser creativo y a depender totalmente del trabajo duro y la disciplina autoimpuesta. Lo que aniquiló a todos esos negocios punto-com fue que consiguieron demasiado dinero en muy poco tiempo, y luego lo gastaron en un abrir y cerrar de ojos.

De hecho, hace poco leí un artículo sobre una empresa en Silicon Valley que logró reunir 400 millones de dólares en capital de emprendimiento. Antes de siquiera concretar una venta, ya se habían quedado sin dinero, así que los inversionistas perdieron todo: 400 millones. Tenían algo que parecía una idea genial, pero nunca lograron vender el producto, así que comienza por ahí, vendiendo. También es posible vender productos de otra empresa y ganar comisiones. Si puedes comerciar, entonces puedes echar a andar un negocio; es la única manera que conozco para hacerlo, y es muy popular.

DAN

Para terminar este capítulo, Brian, pensemos en un escenario en que la persona ya liquidó todas sus deudas y por fin se quitó ese peso de encima. Sabemos que hay mucha gente que, una vez que llega a ese punto, se vuelve a endeudar. La pregunta es: ¿cómo llegas al punto en que un fuerte e inesperado gasto no ponga en peligro todo y te obligue a endeudarte de nuevo? ¿Cuántos meses le recomendarías ahorrar a alguien para tener lo suficiente en el banco y poder enfrentar un gasto insostenible sin que éste lo haga perder el rumbo?

BRIAN

Te hablaré de lo que llamamos la *regla de tres*. El banquito de la libertad financiera tiene tres patas: ahorros, seguros e inversión. La mejor manera es ir abordando estos aspectos uno por uno. Primero los ahorros. Necesitas reservar los recursos de entre dos y seis meses de gastos normales para que, si pierdes tu trabajo, puedas conservar tu estilo de vida actual y sobrevivir ese mismo tiempo.

Si cuentas con eso, tendrás una gran confianza en ti mismo para lidiar con lo que venga. He hablado con muchísima gente y le he dado este mismo consejo; todos salieron a hacer justo lo que les dije. Les tomó un año ahorrar los recursos de dos meses; fueron muy estrictos consigo mismos. Pero luego, cuando llegó un nuevo jefe, cuando el jefe de siempre se transformó en un tirano, o cuando la empresa empezó a aumentar sus horas de trabajo y a reducir su salario, dijeron: ¡Adiós! Y se fueron. Pudieron hacerlo porque tenían dinero en el banco, en tanto que sus compañeros de trabajo tuvieron que quedarse en esa empresa y aceptar las nuevas condiciones desfavorables que les impusieron.

Recuerdo que una mujer me escribió respecto a este tema. Pensaba que sus ingresos eran para salir y gastarlos en ropa, cosméticos y pasársela bien, pero cuando escuchó mis consejos se dio cuenta de que estaba atrapada, que si dejara de recibir su cheque mensual, estaría en serios problemas. Entonces literalmente frenó sus gastos durante un año. Luego me dijo que eso le había cambiado la vida porque ahora tenía una gran cantidad de dinero ahorrado.

Así pues, lo primero que debes hacer es ahorrar los recursos de entre dos y seis meses de gastos. Si guardas seis, mucho mejor, pero fíjate como mínimo dos.

Lo segundo es asegurarte de la manera correcta. Esto es esencial. En una ocasión, un amigo contador me dijo que uno debía asegurarse contra todo lo que no se pudiera solucionar emitiendo un cheque, así que empieza por un seguro médico. Hace poco hablé con alguien que había dejado vencer su seguro para ahorrar ese dinero y poder ir a esquiar. Y luego se rompió la pierna esquiando. Estuvo tirado en cama seis meses y pasó seis más convaleciente y en terapia física. Esto retrasó todos sus planes en la vida, y todo porque dejó vencer su seguro médico.

También necesitas un seguro automovilístico, tanto para choques como para cubrir cualquier responsabilidad con terceros. Necesitas un seguro completo para tu casa, porque si llegara a incendiarse no podrías ni siquiera sacar la chequera.

Mi esposa y yo fuimos a una agencia de seguros y dijimos: "Éstos son todos los aspectos de nuestra vida, ¿qué necesitamos?" Ellos tienen experiencia, así que nos dijeron: "Necesitan un seguro para esto, pero no tanto para aquello; en cuanto a esto, bastará con tal, pero para esto otro necesitarán algo más". Nos explicaron todo, compraron distintas pólizas a varias agencias dependiendo del tipo de seguro, y nunca hemos tenido un problema económico en este sentido.

Por supuesto, cuando crías cuatro hijos a lo largo de 30 años se presentan todo tipo de inconvenientes, por eso necesitas el seguro adecuado, además de contar con los recursos de entre dos y seis meses ahorrados. Asegúrate de conseguir los seguros adecuados. No escuches a la gente que dice que asegurarse es como apostar en contra de ti mismo. También necesitas un seguro de vida. Si eres el principal sostén de tu familia, necesitas una cobertura para poder cuidar de ella si algo llegara a suceder en el futuro.

Cabe mencionar que todo esto te proporciona tranquilidad y un tremendo impulso psicológico. También te vuelve más fuerte y vigoroso. Saber que tú y tu familia están cubiertos en caso de cualquier imprevisto te permite ser más positivo en todos los otros aspectos de tu vida porque sientes más confianza y puedes correr riesgos mayores.

DAN

Brian, para cerrar este capítulo, dinos si hay alguna otra idea o concepto sobre la deuda del que no hayamos hablado aún.

BRIAN

Permíteme resumir nuestra discusión porque yo he estado sumamente endeudado y conozco bien las implicaciones psicológicas y emocionales. Quedarte despierto toda la noche con miedo de que te quiten la casa, estacionar tu automóvil a dos cuadras de distancia para que los agentes de recuperación no se lo lleven, todo esto hace que tu vida sea insoportable y, sin embargo, uno termina en estas situaciones con mucha frecuencia. Si te sucede, sucede, y si ya te pasó a ti, sólo toma la decisión de salir de deudas y mantenerte así el resto de tu vida. Tu lema para seguir adelante debe ser: "Voy a mantenerme libre de deudas por siempre".

Luego siéntate, diseña un plan y pon esto en el primer punto de tu lista de prioridades. No es algo que harás algún día, sino *en este momento*. Si eres casado, siéntate con tu cónyuge y hagan una lista de todos los activos que tengan, de todos los gastos mensuales (renta, servicios, gasolina, alimentos, todo). Luego haz una lista de todas las deudas y escribe todo.

Ya mencioné que uno se convierte en aquello en lo que piensa la mayor parte del tiempo. Los millonarios que se hicieron a sí mismos son gente como tú que en algún momento de su vida se dijo: "Voy a ser muy rico", y lo hizo. Es imposible volverse rico antes de tomar esta decisión. Si tú la tomas y la respaldas con tus acciones, es casi imposible que *no* llegues a ser independiente en el aspecto económico porque hay muchas maneras de lograrlo.

Existen datos sobre el tiempo que la gente con problemas económicos pasa pensando en el dinero: 24 horas al día. Piensan en eso, hablan de eso, se quejan de eso, lloran por eso, se conducen pensando en sus dificultades todo el día. ¿Pero cuánto tiempo pasas sentado escribiendo listas, diseñando planes y pensando en tu destino financiero?

La respuesta es: alrededor de una hora al mes. La gente suele hacer esto sólo una hora cada mes y, en general, es para pagar facturas. Yo he pasado por ahí, he dicho: "De acuerdo, ¿cuánto vamos a pagar por tarjetas de crédito este mes? ¿Cuánto para estas facturas?" Después vas asignando el dinero hasta que te lo acabas, y luego empiezas a preocuparte de nuevo por el dinero para el mes siguiente.

¿Qué hacen los millonarios que amasan sus fortunas solos? Pasan 10 horas o más al mes sentados trabajando en su plan. Leen revistas sobre economía, leen publicaciones financieras, revisan los boletines sobre finanzas, analizan planes de consolidación de deuda e inversiones. Pasan 10 horas al mes organizando su vida financiera de mejor manera, y por eso tienen una ventaja de 10 veces más probabilidades de ser ricos.

Si en verdad eres serio respecto a salir de deudas, hazte el hábito de comprar un libro o una revista sobre temas económicos. Escucha programas sobre finanzas, podcasts, programas de radio o lo que encuentres en internet. Hay algunos audiolibros fabulosos sobre cómo algunas personas liquidaron sus deudas. Haz de esto una prioridad: proponte salir de deudas y permanecer así toda tu vida. Si tomas la decisión, la escribes como un objetivo, haces un plan y luego te empeñas en pensar en ello lo más posible, te sorprenderá el rumbo que tomará tu vida financiera.

Capítulo 5

La ciencia de generar ingresos

Una vez que empieces a aplicar métodos para gastar de manera inteligente y métodos eficaces para administrar tus deudas que coincidan con los principios de la ciencia del dinero, necesitarás asegurarte de estar generando un buen flujo de efectivo o ingresos abundantes para invertir en proyectos futuros y en oportunidades financieras pero también para empezar a tener el estilo de vida que deseas.

En este capítulo Brian te enseñará las leyes y principios comprobados que necesitas seguir para generar la mayor cantidad posible de ingresos sin importar si eres empleado, dueño de un negocio o inversionista de tiempo completo.

DAN

Brian, comencemos discutiendo tus propias experiencias respecto a la generación de ingresos. Anteriormente nos contaste la historia de cómo pasaste de trabajar con mucho empeño en los empleos mal pagados que tenías al principio, a ganar millones de dólares al año en flujo de efectivo gracias a tus actividades como autor y dueño de negocios. ¿Qué lecciones aprendiste respecto a la manera de generar ingresos para hacer realidad tus sueños?

BRIAN

Todos quieren recibir ingresos elevados que les permitan realizar sus sueños, todos sueñan con que les caiga dinero del cielo, como dicen por ahí, para no tener que trabajar por él. Pero todo eso es una fantasía.

Conozco a personas muy astutas e inteligentes que han tenido esta fantasía desde hace 25 años. Siempre están diciendo: "Esto es, con esto lo voy a lograr, de esta forma empezaré a generar ingresos enormes sin tener que trabajar".

No obstante, la única manera en que puedes lograrlo es invirtiendo tiempo y dinero, y fabricando productos para vender tú mismo o para que otros vendan, y que te produzcan regalías, comisiones, dividendos o cualquier otra cosa. Cuando yo empecé a trabajar con verdadero ahínco en el plan de volverme exitoso, invertí en bienes raíces que me generaran ingresos. Resultó ser la mejor inversión posible, porque los bienes raíces continúan produciendo: son algo sólido. Su valor no deja de aumentar, así que las rentas que recibas por ellos se seguirán incrementando a la par de la inflación y del costo de vida. Poco a poco te darás cuenta de que la mayoría de las grandes fortunas se basan en un negocio productivo en primer lugar, y en segundo, en el envío de los recursos generados por éste hacia bienes raíces que también arrojen ingresos o hacia otras inversiones que generen flujo de efectivo.

DAN

¿Cuál es la idea más equivocada que tiene la gente respecto a cómo generar ingresos elevados?

BRIAN

Para volver a un tema del que ya hablamos, te diré que tu trabajo es un producto que la gente quiere comprar pagando la menor cantidad posible de dinero a cambio de la calidad más alta que le puedas ofrecer.

En los últimos años he trabajado una enormidad de tiempo en dos áreas. La primera es la *reinvención del modelo de negocios*, la cual se enfoca en analizar el modelo aplicado en tu negocio. La otra es la *reinvención del modelo de vida personal*, y, obviamente, se concentra en la forma en que manejas tus asuntos personales. Ambos modelos son metodologías para la generación de ingresos: ¿cómo generas ingresos para un negocio? ¿Cómo generas ingresos para ti mismo?

La respuesta consiste en saber que a 90% de tus ingresos los determina la calidad del trabajo que realices en comparación con las otras personas que se desempeñan en la misma área laboral. El 90% de tu éxito en los negocios será resultado de la calidad del producto que ofrezcas, en comparación con el de tus competidores, el cual, por supuesto, es similar. Lo más importante es enfocarse en aumentar la calidad de tu producto o servicio como empresa, y en incrementar el valor de tu trabajo como individuo.

Te daré un ejemplo. Un amigo mío, un hombre muy exitoso y conservador, necesitaba hacerse una cirugía a corazón abierto.

Me dijo: "Vaya, a pesar de que es un procedimiento bastante común hoy en día, la gente aún puede morir en el quirófano en medio de una operación de este tipo".

Empezó a investigar y a buscar al mejor cirujano de su país para ese tipo de cirugía. Encontró a un médico en la Clínica Cleveland, famosa por contar con los mejores especialistas del mundo en cirugía a corazón abierto. Se puso en contacto con el cirujano a través de su médico, hizo todos los arreglos y viajó a Cleveland para operarse. Pasó siete días en el hospital y regresó a casa en su jet privado. Entonces me dijo: "Si necesitas una cirugía de este tipo, ésta es la persona indicada. Ha hecho esta operación más de cinco mil veces y tiene un índice de éxito impecable. Si en verdad necesitas que te operen de esto y quieres tener garantía absoluta de que te recuperarás y tendrás una vida normal después del procedimiento, tienes que ir a ver a este hombre".

Naturalmente, a este cirujano le pagan una fortuna. Una cirugía a corazón abierto en cualquier ciudad podría costar entre 50 mil y 250 mil dólares, y él, además, realiza cuatro al día porque cada una toma entre hora y media y dos horas.

Lo sé porque después yo también tuve que someterme a una cirugía a corazón abierto con otro médico que también es uno de los mejores del país; ha realizado cinco mil operaciones y hace entre dos y cuatro al día. Sólo tienes una cita con él antes de que te opere, y la siguiente vez que te encuentras con él, tú estás anestesiado. Te opera y nunca vuelves a verlo. Es un genio, y lo más probable es que gane entre 150 mil y 250 mil dólares por cada operación, dos o cuatro veces al día. Y todo porque forma parte de la élite de su campo de trabajo.

Uso este ejemplo para hacer énfasis en mi idea de que si vas a invertir dinero, lo hagas volviéndote en verdad excelente en tu área de especialidad. Es algo que repito todo el tiempo en mis seminarios. No te estoy pidiendo que vayas y ganes la medalla de oro en los Juegos Olímpicos o que seas el número uno, sólo que formes parte del 10% que están en la cima, porque ahí es donde se encuentra el dinero.

Una de las razones por las que muchos no forman parte del 10% en la cima es porque eligieron el campo de trabajo incorrecto y no son capaces de realizarlo. Sin embargo, la razón más común es porque nunca intentaron siquiera pertenecer a esa élite, prefirieron sólo ir pasándola sin esforzarse. Llevaron su capacidad a cierto nivel y luego se durmieron en sus laureles.

El doctor K. Anders Ericsson, de la Universidad de Florida, realizó uno de los estudios más importantes sobre el desempeño de élite. El doctor Ericsson es quien dijo que a una persona le tomaba entre siete mil y 10 mil horas de trabajo intenso, y entre cinco y siete años ingresar a los niveles del desempeño de élite.

Este científico ha trabajado principalmente con músicos, pero también ha estudiado otros campos. En su libro *Outliers*, Malcolm Gladwell citó la investigación de Ericsson. Luego, Geoffrey Colvin, de *Fortune*, escribió el libro *Talent is Overrated*, el cual se basa en la misma idea de que no tienes que ser talentoso en principio: si inviertes las horas necesarias, puedes desarrollar tu capacidad hasta lograr que tu desempeño alcance un nivel extraordinario.

Siempre y cuando hayas encontrado el campo laboral adecuado, te encantará tu trabajo, te entregarás a él con pasión y disfrutarás de ser cada vez mejor. Porque uno no puede volverse excelente en una actividad que no le encante y le apasione.

En resumen, Ericsson descubrió que la persona promedio que permanece en el 80% de bajo desempeño trabaja para desarrollar su confianza y sus habilidades en su área, pero luego se detiene y nunca mejora. Diez años después de que empezó en su primer empleo, la persona común, es decir, ese 80% de la población, no es más productiva de lo que era un año antes de comenzar a trabajar. Sólo el 20% restante continúa teniendo crecimiento personal.

Gary Becker, economista ganador del Premio Nobel, realizó un estudio muy interesante y descubrió que mientras se mantenga empleada, el ingreso promedio de la gente que pertenece al grupo de 80% aumenta entre 2 y 3% al año. Como esto equivale más o menos al incremento en el costo de vida, estas personas nunca avanzan. En cambio, el ingreso de la gente que pertenece al 20% en el nivel superior aumenta en promedio 11.8% al año. Esto se debe a que son individuos que continúan aprendiendo, creciendo y aumentando sus habilidades todo el tiempo, y a que cada vez son mejores en su campo de trabajo.

Entonces, ¿por qué algunas personas tienen ingresos elevados? Porque hacen su trabajo muy, muy bien.

Te daré algunos ejemplos muy claros. Piensa en los chefs que dirigen los restaurantes más importantes, como Alain Ducasse, encargado de un lugar en Nueva York que ha llegado a ser uno de los más famosos del mundo. Las mesas en ese sitio siempre están reservadas y la gente paga sin problema entre 500 y mil dólares por una cena para dos personas.

El restaurante más importante de Estados Unidos es el French Laundry, ubicado en el Valle de Napa, un lugar al que es muy difícil llegar porque tienes que volar a Oakland o San

Francisco y luego manejar entre hora y media y dos horas. Para poder comer ahí tienes que quedarte en un hotel en el Valle.

La calidad de este restaurante es tan alta, que la cena más sencilla cuesta entre 350 y 500 dólares, y no incluye el vino. Tienes que pedir una reservación casi con un año de anticipación y para formalizarla toman los datos de tu tarjeta de crédito y te cobran en ese momento tu menú y el de tus acompañantes.

Como no se puede cambiar de opinión ni la fecha, ni tampoco se puede faltar a la cita, la gente vuela a California y llega a tiempo de todas partes del mundo. Todos se quedan en algún hotel cerca de ahí y luego van al French Laundry a vivir la experiencia gourmet que les ofrece el chef que lo dirige. Éste es un ejemplo extremo de lo que dije: si eres en verdad bueno en lo que haces, la gente pagará lo que sea por tu trabajo.

Como seguramente ya sabes, un abogado puede ganar entre 200 y 300 dólares por hora. Los más competentes llegan a cobrar dos mil, tres mil o incluso 10 mil dólares por hora. A veces cobran 100 mil, 200 mil o un millón de dólares por encargarse de un caso específico porque el cliente sabe que si cierto abogado toma su caso, le ahorrará o le hará ganar una fortuna, suceda lo que suceda.

Sólo hay una manera de obtener ingresos elevados: ser tan bueno en lo que hagas que cualquier consumidor consciente que desee obtener la mejor calidad al menor precio esté dispuesto a pagar el sobreprecio de tu producto, servicio o labor.

Otra cosa que debes recordar es que en Estados Unidos todas las fortunas comienzan con la venta de servicios personales. Alguien se vuelve tan competente en el servicio que ofrece, que la gente está dispuesta a pagar el costo adicional, a contratarlo, a recomendarlo, a ayudarlo a progresar y a asignarle más responsabilidad. Cuando uno tiene más responsabilidad, gana más dinero, y cuando uno gana más dinero, encuentra más oportunidades, y así consecutivamente. Sin embargo, la base de todo es hacer lo que ya haces, pero de una manera inigualable.

DAN

Algunos empleados dicen que como le consagran demasiado tiempo y esfuerzo a una empresa, ésta debería pagarles más. Como empleador, ¿qué les responderías a esas personas?

BRIAN

Es algo muy común. La gente dice: "Tengo 20 años de experiencia", pero el jefe piensa: "Para ser franco, más bien tienes un año de experiencia multiplicado por 20". Porque recuerda que la mayoría de la gente, 80% o más, sólo hace su trabajo lo suficientemente bien para que no la despidan y para evitar confrontaciones con sus compañeros por no hacer el trabajo que le corresponde. Una vez que llegan a ese bajo punto de desempeño se quedan en su zona de confort, se pasean por la oficina, platican, salen a almorzar y a tomarse un café, desperdician el tiempo.

Es una verdadera tragedia. Los empleados van a trabajar y lo primero que hacen es buscar a alguien para platicar, cuando terminan, buscan a alguien más, y luego chacotean con una tercera persona. Y nunca empiezan a trabajar. No llegan a las 8:30 para comenzar a esa hora, llegan y buscan a un amigo hasta que dicen: "Vaya, son las 11 de la mañana, ya hablé con todos mis amigos sobre los programas de televisión, las películas que han visto, la familia y las noticias más recientes".

Sólo entonces se ponen a trabajar, pero de pronto, ay, dios, ya es hora del almuerzo. Salen, regresan después de haberse tomado demasiado tiempo para comer, y retoman su relación con los amigos. Hablan, hablan, hablan, trabajan un poquito más y luego se van porque no quieren quedarse atrapados en el tráfico. Y después se preguntan por qué no los ascienden. Sucede todo el tiempo.

Como ya lo mencioné, si alguien realiza un trabajo extraordinario en nuestra empresa, le otorgamos un aumento preventivo porque no queremos perderlo: es muy raro toparse con gente competente. Encontrar personas eficientes es de lo más difícil, así que, una vez que lleguen a ti, págales lo que sea necesario para conservarlas. Una persona eficiente no es un gasto porque el valor que aporta a la empresa es mucho mayor que lo que cuesta pagarle.

De hecho, las empresas más exitosas son las que contratan gente que aporta más de lo que cuesta, ya sea porque te ahorra costos o porque genera incrementos. Cada nuevo empleado produce una ganancia neta, por eso las empresas que tienen 100 mil empleados hacen cientos o miles de millones de dólares al año, cada uno de sus empleados aporta más de lo que cuesta.

Ésta es la clave. Cuando alguien dice: "Quiero más dinero", en realidad no está ganando más. Hace poco, durante el descanso de una conferencia en la que dije que uno debería fijarse el objetivo de duplicar su ingreso, un individuo muy arrogante y con aire de superioridad se acercó a mí.

—Tal vez su plática motivacional sea muy emotiva, pero en mi empresa no hay manera de que me paguen el doble de lo que gano, así que lo que usted dijo no es cierto, y creo que debería aclararle al público que está exagerando un poco —dijo.

—Entonces podemos decir, sin temor a equivocarnos, que su empresa está más que dispuesta a pagarle a la gente tres, cuatro o cinco veces más de lo que gana. El problema es que no está dispuesta a pagarle a *usted* esa cantidad. ¿Por qué será? —dije. El individuo se quedó helado, fue como si le hubiera dado una bofetada.

—Tal vez porque no soy muy productivo —contestó.

—Ahí lo tiene, es *su* culpa. *Usted* es la razón por la que no le pagan más —agregué.

Se alejó negando con la cabeza.

Es lo que llamo "bono por supervivencia": "Jefe, vea, no morí el año pasado, tengo derecho a que me pague más". ¡No! Sólo tienes derecho a más dinero si produces más valor. Lo que constituye el incremento es el valor adicional que crees y aportes. Si no aumenta el valor, tampoco el salario.

DAN

Una de las quejas más comunes de los empleados que se reúnen alrededor del garrafón de agua en la oficina es que mucha gente siente que no le pagan lo que vale. Muchos creen que las políticas de la empresa, el favoritismo y otros factores impiden que ganen un salario que vaya de acuerdo con el valor que aportan. ¿Qué debería hacer el trabajador en este caso?

LA CIENCIA DE GENERAR INGRESOS | 145

BRIAN

Todo se resume en querer algo a cambio de nada. La gente cree que tiene derecho a más dinero a pesar de que no hace nada adicional para ganarlo.

En la década de los cincuenta, aproximadamente 50% de la fuerza laboral estaba sindicalizada. La idea base de la sindicalización que aún existe en muchas áreas del gobierno y en el magisterio es que te aumenten el salario mientras continúes vivo, lo cual, además, genera antigüedad. Mientras no te mueras, tienes derecho a incrementos, por eso los trabajadores que llevan más tiempo sindicalizados reciben más. Aunque trabajen con empeño y sean competentes, los jóvenes obtienen menos.

Esto produce una mentalidad que te hace creer que deberían pagarte más dependiendo de la cantidad de años que hayas trabajado. Es la mentalidad de quienes quieren ganar más sin haberlo merecido, sin ser más productivos, sin generar más valor. El hecho es que todas las empresas que les pagan muy bien a los empleados, aun cuando hayan empezado a trabajar años después que tú, funcionan así porque reconocen que esas personas aportan un valor mayor.

Por todo lo anterior, la pregunta que debes hacerte es: ¿estás aportando más valor que la semana, el mes o el año pasado? ¿Estás obteniendo resultados que la gente apreciará y por los que estará dispuesta a pagar? ¿Estás aportando un valor que, en combinación con el trabajo de tus compañeros, le permita a la empresa vender más productos o servicios, o generar más ventas y mayor rentabilidad?

Si la respuesta es "no", entonces no puedes ganar un aumento de forma automática.

Los días en que el salario aumentaba sistemáticamente terminaron hace casi 20 años, sin embargo, todavía hay empleados alrededor del dispensador de agua perdiendo el tiempo, conversando con sus amigos, matando las horas y quejándose de que no les pagan más.

Si quieres tener mayores ingresos, debes hacer algo muy sencillo. Comienza más temprano, trabaja con más empeño, quédate hasta un poco más tarde. Una de las cosas que enseño es que la clave del éxito consiste en trabajar todo el tiempo que trabajas. Es algo que ha funcionado a lo largo de la historia, en particular en los últimos dos siglos. Cuando vayas a la oficina, trabaja. Enfócate en tu labor y no hagas otra cosa.

A menudo le presento a la gente una situación hipotética. Digamos que trabajas en McDonald's y te pagan el salario mínimo por preparar papas fritas. Mucha gente comienza su carrera con un empleo en esta cadena porque así aprende a trabajar, a llegar a tiempo, a cooperar, a seguir instrucciones, desempeñarse de manera competente, limpiar lo que ensucia, etcétera. Es un entrenamiento muy riguroso. Entonces, digamos que trabajas en McDonald's. ¿Crees que podrías llegar 15 o 20 minutos después de que tu turno comenzó? ¿Que puedes ver Facebook, ponerte a platicar con tus amigos, contarles lo que hiciste la noche anterior y lo que viste en televisión, luego tomarte media hora para beber un café y una hora para salir a comer? ¿Podrías hacer eso si trabajaras en esta cadena y te pagaran el salario mínimo? Si no llegas a tiempo y registras tu entrada, pierdes el empleo. Luego trabajas, te dan un descanso de 10 minutos en la mañana para tomar un café, 10 minutos en la tarde, y media hora para comer porque el turno completo es de ocho de la mañana a cinco de la tarde.

Todos saben que los trabajos que pagan el salario mínimo son así. Siguiendo esta lógica, ¿no crees que tu desempeño es mucho más importante si eres un empleado al que le pagan muchísimo más y que trabaja en una oficina? Si las condiciones van bien, te pagan bastante más que el salario mínimo. ¿Qué te hace pensar que puedes andar por ahí con una taza de Starbucks, llegando tarde, pasándotela bomba, platicando con tus amigos, leyendo el periódico y revisando tu correo electrónico sin trabajar?

Para ese momento, todos los asistentes a mis seminarios tienen cara de susto porque se acaban de ver reflejados. "Si trabajara en McDonald's no podría hacer eso. En la oficina, en cambio, trato de salirme con la mía y luego me pregunto por qué nunca acabo mi trabajo o por qué siempre estoy en desventaja. Me pregunto por qué no me han aumentado el sueldo en tres años. Por qué no avanzo en mi carrera." Claro, porque no produces nada.

DAN

Tienes toda la razón. Sería imposible que *no* te corrieran de McDonald's si llegaras 15 minutos tarde todos los días. Es totalmente cierto, y sin embargo solemos pensar que en los trabajos administrativos las circunstancias son distintas.

Ahora hablemos de la ciencia de generar ingresos para los dueños de los negocios. Es un tema crucial porque muchas empresas nunca logran despegar o sobrevivir más de un par de años debido al bajo flujo de efectivo.

En primer lugar, ¿cuáles son las expectativas que debería tener el dueño de un negocio nuevo respecto a producir ingresos en los dos primeros años? ¿Recomiendas que el empresario en ciernes espere y sólo proceda cuando haya ahorrado y tenga en el banco los ingresos de un año o dos? ¿Por qué sí o por qué no?

BRIAN

Hay dos aspectos relacionados con el flujo de efectivo y el dinero guardado en el banco, todo se reduce a las ventas. Entre 1989 y 1991 IBM se metió en serias dificultades económicas y el precio de sus acciones se desplomó 80%. Empezaron a hablar de desmantelar la empresa.

Fue un asunto muy mediatizado porque en los años ochenta IBM era la empresa más respetada del mundo. Tenía enormes ganancias, un excelente liderazgo, tecnología fabulosa, un eficaz servicio al cliente, y todas las revistas de negocios como *Fortune*, *Forbes* y *Business Week* se desvivían en alabanzas por ella. Dos o tres años después, se desplomó.

Despidieron al presidente y trajeron a otra persona que no sabía nada sobre computadoras: Lou Gerstner. Él dijo: "Ni siquiera sé cómo encender una, pero soy versado en negocios". Este hombre comenzó su carrera trabajando para McKinsey & Company, una de las empresas de consultoría en administración más grandes del mundo. Si una compañía de este tipo acepta la misión, llega a tu empresa, se despliega, encuentra el problema y propone la solución. Siempre te ofrecen una medida que funciona, por eso cobran tanto.

Después de seis meses y tres millones de dólares de honorarios por consultoría, la gente de la empresa se sentó con los ejecutivos de más alto nivel de IBM.

—Encontramos el problema: ventas bajas —dijeron. Los ejecutivos pusieron los ojos en blanco.

—Eso ya lo sabemos, por eso se desplomó el precio de nuestras acciones. Ventas bajas igual a pocas ganancias —dijeron, y luego preguntaron cuál era la solución.

—Ventas elevadas —contestó el equipo de McKinsey.

Resulta interesante porque Dun & Bradstreet hicieron la autopsia de decenas de miles de empresas que habían quebrado a lo largo de los años y descubrieron que uno podía dejar de lado todas las otras explicaciones (tecnología, capitalización, competencia) y que todo se reducía a las ventas bajas. IBM le preguntó a McKinsey & Company cuál era la solución, y resulta que todo era muy simple.

—Estudiamos cómo ocupan el tiempo sus vendedores y sus gerentes de ventas, y descubrimos que durante la administración anterior su actividad se limitaba prácticamente a trabajar como contadores —dijeron.

Esto se debía a que los miembros de la administración anterior eran en su mayoría contadores y creían que la contabilidad era la función más importante de un negocio.

En lugar de salir a vender o de hacer llamadas, los gerentes esperaban que los vendedores pasaran 75% de su tiempo llenando formas. Si hacían una llamada, tenían que llenar una forma de ventas de cinco páginas. Luego los gerentes pasaban todo el tiempo revisando las formas que habían llenado los vendedores, y nadie se ocupaba de hablar con los clientes.

—Nuestra recomendación es que cambien todo de pies a cabeza. La gente debe pasar menos de 25% de su tiempo en la oficina y 75% con los clientes en persona. Los gerentes de ventas deben pasar 75% del tiempo acompañando a sus vendedores y asegurándose de que hablen con los clientes —dijeron los asesores. Y así comenzó la regla del 75 por ciento.

La nueva administración hizo que los vendedores salieran a reunirse con los clientes y todo dio un giro. En un año pasaron de tener 1 500 millones de dólares en pérdidas a recibir 1 600 millones de dólares en ganancias. Las acciones subieron de precio, y hasta la fecha siguen estando entre las acciones con mejor desempeño de la bolsa.

Debido a que todo mundo se enteró de la manera mágica en que esta regla revirtió la situación de IBM, actualmente es aplicada en grandes corporaciones de todo el mundo. Es muy sencillo, sólo haz que tus vendedores y tus gerentes de ventas pasen 75% de su tiempo vendiendo. Si eres dueño de un negocio pequeño, también sal de la oficina y pasa 75% del tiempo con tus clientes.

El punto es que las ventas bajas son lo que siempre mete a un negocio en aprietos, y las ventas abundantes conducen al éxito.

Respecto a cuánto dinero debes guardar y cuánto deberías tomar, la respuesta es: ¿cuánto puedes vender? Hay un estudio que se realizó entre dueños de empresas pequeñas y medianas; se les preguntó qué tan importantes eran el *marketing*, las ventas y la generación de clientes nuevos para sus negocios.

—Bien, lo más importante de todo son las ventas y el *marketing*. Es como sangre para el cerebro, como oxígeno. Nos moriríamos sin ellos —contestaron todos.

—Usted, como dueño de la empresa y como la persona que toma las decisiones más importantes, ¿cuánto de su tiempo invierte en ventas y en *marketing*? —preguntaron los analistas.

—Todo el tiempo, todo el día. Es lo único en lo que pienso mañana, tarde y noche.

—¿Podríamos visitarlo acompañados de especialistas en tiempo y movimiento para pasearnos un poco por su empresa con nuestras libretas y un cronómetro para ver de qué manera emplea su tiempo cada día y cada semana? —preguntaron los analistas.

—Por supuesto, no hay problema —dijeron los empresarios.

Los analistas hicieron las visitas y reunieron los resultados mensuales: el dueño típico de negocio invierte 11% de su tiempo en ventas y *marketing*. El resto lo pasan revisando el correo electrónico, las redes sociales, o hablando con los empleados, saliendo a comer, reuniéndose con el banquero, etcétera.

Por eso tenían problemas. Si pasas 11% del tiempo en ventas, lo más probable es que tu personal invierta aún menos tiempo en ello porque tú eres quien marca la pauta en tu empresa y los demás sólo te imitan.

Éste es un consejo que he dado una y otra vez. La gente regresa a verme en estado de shock porque después de tener dificultades económicas de repente ven a su empresa transformarse en un negocio de alto nivel con ventas elevadas. Y todo gracias a que el personal pasa todo el día fuera vendiendo. A estas personas les pregunto: "¿En qué momento hiciste tu trabajo administrativo? ¿Antes de las ocho de la mañana y después de las seis de la tarde?" La regla es no hacer nada de trabajo administrativo cuando todavía puedes ver clientes. Si hay clientes disponibles, lo único que debes hacer es encontrarte con ellos.

En una ocasión trabajé con el dueño de un negocio. Pasamos un día completo enfocados en la estrategia y hablamos de la mejor manera de ocupar el tiempo. Él pensaba que la mejor forma era enfocándose en la optimización de su motor de búsqueda, y por eso sólo trabajaba en ello.

—¿Tiene usted conocimientos técnicos? —le pregunté.

—No —me dijo—. No tengo conocimientos técnicos, pero creo que es la clave para generar nuevos negocios y que nuestra empresa tenga más oportunidades en internet —explicó.

—Tal vez sea una actividad importante —dije—, pero no es la actividad más relevante para *usted*. ¿Qué es lo que le genera más ingresos? ¿Qué actividades específicas?

Analizamos la información y vimos todas sus actividades. Se dio cuenta de que la mayoría de los nuevos tratos y negocios se generaban a partir de recomendaciones y referencias del 20% más importante de su clientela.

—Entonces —dije—, la mejor manera de invertir su tiempo sería pasando más horas hablando en persona o por teléfono con sus mejores clientes, asegurándose de que estén contentos, ofreciéndoles servicios adicionales, entrenamientos, consultoría, información.

—Tiene toda la razón, es obvio. Entre más tiempo pase con mis clientes más distinguidos, más comprarán mis servicios y más invitarán a sus amigos, quienes, por cierto, tienen su mismo nivel. Esto va a transformar mi negocio —admitió.

Después del entrenamiento, el empresario me pidió que visitara su empresa y le enseñara este proceso a todo el personal.

Entre 2008 y 2009 el negocio pasó de generar 10 millones de dólares en ventas a producir 20 millones, justo cuando el mercado estaba en muy malas condiciones. Al enfocarse en los clientes y en concretar ventas, lo empleados transformaron el negocio; las ventas aumentaron y las ganancias se incrementaron con rapidez.

¿Cuál es la principal razón por la que fracasan las empresas? En primer lugar, porque no venden su producto con suficiente agresividad. Siempre hay una excusa, tratan de usar anuncios o publicidad en internet cuando ahí ya hay 36 millones de personas haciendo lo mismo. "Voy a poner algunos anuncios en línea —piensan—, y a hacer mucho dinero." No es así. En la mayoría de los casos lo que necesitas es establecer un contacto personal.

La gente no compra productos ni servicios, compra a la gente, a los individuos que le venden, lo hace así porque confía en ellos y porque le agradan más que las otras personas que ofrecen productos o servicios similares. Por eso debes enfocarte en el contacto directo.

En segundo lugar, las empresas fracasan porque nadie quiere su producto. *Forbes* acaba de terminar un estudio y descubrió que entre 80 y 90% de los negocios fracasan porque nadie desea lo que ofrecen. Quienes venden creen que tienen un buen artículo y que otros deberían comprarlo. En muchos casos, ni ellos usan el producto, nadie de la empresa lo quiere, y sin embargo, creen que los clientes deberían adquirirlo.

En una ocasión trabajé con una empresa muy exitosa que vendía audiolibros motivacionales. Tenían a algunos de los mejores oradores, excelentes ideas e información. Luego hice un análisis de todo el negocio y me quedé asombrado al descubrir que ninguno de los empleados escuchaba el material.

Pensaban que el producto era bueno para los clientes, pero ellos no lo usaban, nunca lo escuchaban en sus automóviles.

Cuando iban a algún lugar, oían música o programas de radio. Y después, sorpresa, sorpresa, la empresa fracasa porque, como dicen por ahí, no beben su propia limonada.

A menudo les pregunto a los empresarios cuántas personas de la empresa usan el producto de manera exclusiva. Es increíble, pero entre 50 y 70% de los empleados usan lo que ofrece la competencia, no lo que ellos venden. Y por supuesto, cuando lo ofrecen lo hacen sin emoción. Si usas algo y te parece que es fabuloso, puedes hablar de ello con convicción y entusiasmo, si no, es imposible.

En resumen, el problema principal son las ventas bajas, y enseguida, que la gente no quiere el producto o servicio, y te lo hace saber de inmediato.

En el ámbito de la economía decimos que los compradores potenciales tienen tres opciones. Pueden comprar tu producto, pueden comprar el producto de tu competidor o pueden no comprar nada. Esto es a lo que tendrás que enfrentarte cada vez que contactes a un cliente.

DAN

¿Las investigaciones muestran el porcentaje específico que el dueño deberá tomar de su negocio para pagar su propio salario? ¿Cuánto deben pagarse los empresarios a sí mismos?

BRIAN

No hay una respuesta precisa para esta pregunta: depende del éxito del negocio. Si tienes un nivel elevado de rentabilidad puedes tomar un ingreso mayor, si el nivel es bajo, no puedes tomar nada.

Cuando yo empecé mi negocio pasaron dos años antes de que me pagara un sueldo, lo único que hice en ese tiempo fue generar ingresos suficientes para mantenerlo vivo y, como te dije antes, tuve que vender mi casa y mi automóvil, y pedirle dinero prestado a toda la gente que conocía. Luego mudé mi negocio de Canadá a Estados Unidos y comencé de nuevo hasta que, después de algún tiempo, llegué a tener 20 empleados.

Te reitero que durante dos años no pude tomar nada de los ingresos de mi negocio. Tuve que recurrir a otras fuentes: regalías, libros, audiolibros y todo lo demás. Incluso tuve que pedir prestado para mantener el negocio funcionando hasta que por fin empezó a producir ganancias.

Tuve que invertir una enorme cantidad de dinero para el desarrollo de producto, y estos gastos tienen que pagarse por adelantado. Las ventas son inciertas; es algo que tal vez suceda al final, pero para aprovisionar tu negocio debes pagar 100% del desarrollo antes de tener siquiera la oportunidad de vender el producto. Tu única opción en ese momento es algo que ya mencioné: representar a otros productos. Esto te permite tener un inventario que no tienes que pagar sino hasta que hayas vendido los productos a consignación, y generar ingresos mientras tanto.

Es muy común no tomar recursos de tu negocio en los dos primeros años, sin embargo, quisiera mencionar un aspecto interesante. Cada año la revista *Inc.* Hace un estudio de las 500 empresas de más rápido crecimiento, pero en el último análisis también tomaron en cuenta la información sobre los fundadores de las mismas.

La empresa que encabezó la lista del estudio tuvo un crecimiento de 4 200 veces en tres años, o sea, 42 000%. Muchas empresas habían crecido 50 o 100 veces, lo cual es extraordinario, porque la mayoría estaría feliz de alcanzar 10 o 20 por ciento.

Los analistas descubrieron dos rasgos comunes entre los fundadores de las empresas de mayor crecimiento. El primero es que iniciaron el negocio porque adoraban el producto y porque les entusiasmaba muchísimo a ellos mismos y a sus familias. El segundo es que encontraron gente a la que también le encantó.

La empresa que creció 42 000% contaba con un programa de educación temprana para niños en escuelas primarias. El programa funcionaba con iPads y les ayudaba a los niños a sacar excelentes calificaciones, era un concepto maravilloso. Casi todos los padres en Estados Unidos dijeron: "Yo quiero eso, quiero que mi hijo comience bien y saque 10 en primero, segundo y tercer grado. Eso lo preparará para la vida y le dará mejores expectativas". Los padres abrumaron a la empresa con sus pedidos. Es un negocio que creció 42 000% y comenzó porque querían ayudar a los niños.

El empresario Hamdi Ulukaya inició Chobani porque venía de Turquía y le gustaba mucho el yogurt griego. Este tipo de yogurt es alto en proteínas, es de gran calidad y antes nadie lo vendía en Estados Unidos, sólo teníamos el yogurt ordinario lechoso, aguado y sin consistencia. Hamdi empezó a producir yogurt griego en casa y a venderlo a las tiendas locales. A pesar de que costaba el doble que el yogurt ordinario, se vendió como pan caliente. Es una historia fenomenal: Ulukaya terminó comprando una fábrica de yogurt en bancarrota que se encontraba al norte del estado de Nueva York. Tuvo que pedir prestado dinero e instalaciones para manufacturar Chobani a gran escala, pero ahora es uno de los yogurts de mayores ventas en Estados Unidos. Es tan bueno que mi familia nunca comería otro yogurt que no fuera Chobani a pesar de que cuesta el doble. Y recuerda: Ulukaya empezó este negocio porque le gustaba el sabor del yogurt griego.

Por todo esto, cada vez que alguien me dice: "Quiero echar a andar un negocio", le sugiero: "Asegúrate de ofrecer un producto o servicio que tú mismo usarías, algo que desearías para tu propia familia, que le venderías a tu padre, tu madre y tus mejores amigos porque estás convencido de que es tan bueno que marcará una diferencia en su vida".

Ése es el punto de inicio. Esto no significa que te garantizará el éxito, pero de acuerdo con las investigaciones, si tu producto no te gusta a ti mismo, nunca harás tu negocio con verdadero convencimiento. Te irás a jugar golf los viernes, te tomarás días libres, te la pasarás platicando con tus colaboradores, y vivirás de lo que mendigues, pidas prestado o robes hasta que tu empresa termine en la ruina.

Éstas son las dos principales razones por las que las empresas caen en bancarrota en los primeros dos años: porque la gente no quiere su producto o porque no lo venden con vigor.

DAN

Brian, ¿cuál es el cambio de mentalidad que deberá realizar una persona cuando pase de recibir un cheque cada dos semanas sin falta a empezar a ganar dinero y planear el flujo de efectivo de su negocio?

BRIAN

Los expertos han estudiado los recortes de personal más fuertes, cuando miles de personas son despedidas. Me refiero a las recesiones como las que se producen en la industria aeroespacial o en la tecnológica, o a cualquier otro cambio en la economía. En muchas ocasiones, cuando despiden a la gente le dan una generosa liquidación que puede llegar a ascender a varios cientos de miles de dólares. Hablo de empleados que llevan trabajando 10 o 20 años en el mismo lugar y que generaron una reserva con la que ahora los liquida la empresa.

Cada vez se vuelve más común que estas personas digan: "Diablos, ¿por qué no? Voy a fundar mi propio negocio", y por eso, en términos de porcentaje, el grupo más grande de negocios nuevos tipo *startup* está fundado por gente que tiene cincuenta y tantos años y, para sorpresa de muchos, un porcentaje aún mayor lo conforman mujeres. Es decir, sin importar la edad, las damas están echando a andar negocios con más frecuencia que los hombres.

Lo primero que sucede con estos dueños de negocios es que les asombra el hecho de que todo lo tienen que hacer ellos mismos, empezando por las labores menores como contestar el teléfono, vaciar los botes de basura, preparar café o empacar cajas. Si anteriormente trabajaron para una empresa grande o incluso mediana, sólo conocen entornos con división del trabajo, pero cuando uno echa a andar su propio negocio, está solo. Earl Nightingale solía decir que el mayor error que podías cometer era pensar que trabajas para alguien más que no seas tú mismo. Sólo cuando tu negocio empiece a despegar podrás pagarle a alguien para que te ayude.

Cuando yo comencé no tenía ilusiones de ningún tipo. Conseguí una máquina de escribir para redactar todas mis comunicaciones de ventas y las cartas de acuerdos con los clientes. Yo mismo enviaba toda mi correspondencia. Para elaborar un escrito de manera profesional, tenía que buscar un mecanógrafo, y para producir algo, tenía que bosquejarlo yo mismo, llevárselo a un diseñador profesional y luego al impresor.

Pasé un año así, trabajando a toda marcha. Diseñaba mis propios folletos, hacía mis llamadas de ventas, invitaba a la gente a mis seminarios, escribía los nombres en las tarjetas de identificación, daba el seminario, acomodaba las mesas y las sillas y servía el café.

Todo lo hacía yo, sólo me ayudaba mi esposa. No fue sino hasta un año o año y medio después que logré tener el servicio de un tercio de secretaria porque empecé a trabajar con otros dos individuos que eran consultores de ventas y acordamos compartir los servicios de Mónica, nuestra secretaria. Seis meses después pude contratarla de tiempo completo porque mi negocio había crecido lo suficiente. Así fue como contraté a mi primer empleado, alguien que realizara todas las labores menores que yo llevaba haciendo dos años. Después pude contratar a un segundo empleado, luego a un tercero y así sucesivamente.

Así funcionan las cosas cuando echas a andar un negocio. Ya mencioné que si empiezas con mucho dinero y contratas a demasiadas personas, puedes consumir todos tus recursos de una manera apabullante. Por esta razón, lo primero que debes entender es que eres responsable de todo, en especial de lo relacionado con la generación de ingresos.

He visto a muchos empresarios perder todo porque dicen: "Voy a contratar a un buen vendedor", y creen que esa persona se hará cargo, pero no es cierto. Ningún vendedor va a venir a trabajar para ti porque todos ya están muy ocupados vendiendo algo más y ganando muy buenas comisiones porque trabajan con una empresa bien establecida, ofrecen una línea de productos conocidos, tienen una cartera de clientes y se han hecho de una reputación en el mercado.

Recuerdo que yo cometí ese error. Contraté a un vendedor llamado Dennis, que era terrible. Contaba historias que parecían respaldar la idea de que era un gran vendedor, pero terminó drenando mi empresa. Sólo me prometió salones enteros llenos de clientes, alteros de facturación en ventas y cheques que llegarían en cualquier momento. Creo que en tres meses no vendió nada.

Extrajo una gran cantidad de recursos y cobró comisiones por ventas que se suponía que había hecho. Tres meses después, lo confronté, él salió de la empresa y no volví a verlo jamás. Así aprendí que tenía que hacer las ventas yo mismo.

Quiero insistir en la importancia de la función de las ventas. Si no eres vendedor, consigue un socio que lo sea. Hewlett-Packard fue una de las grandes asociaciones de este tipo. Bill Hewlett era un ingeniero muy talentoso y desarrolló un primer producto para la empresa: el osciloscopio. Dave Packard, por otra parte, era un fabuloso vendedor y experto de *marketing*.

La relación entre ellos le dio al mundo una de las más grandes sociedades de negocios de la historia. Bill y su cada vez más grande equipo de ingenieros desarrollaron productos fabulosos, y Dave y su cada vez más grande equipo de vendedores y expertos en mercadotecnia los vendieron en todo el mundo.

Si no tienes habilidad para las ventas y si no cuentas con un socio que se pueda encargar de esta área, no eches a andar ningún negocio, es demasiado peligroso.

DAN

Por último, hablemos de los inversionistas. ¿Cuáles son las mejores estrategias para generar ingresos sólidos y constantes a partir de una inversión, ya sea financiera (acciones, bonos, anualidades) o de bienes raíces?

BRIAN

Lo más importante es comprender que cuando haces una inversión estás apostando contra el conocimiento y la experiencia de la persona que la vende. Tú crees que la inversión aumentará de valor, y quien la vende cree que no. O incluso peor, cree que perderá valor. Por esta razón, todo intercambio de acciones es un juego de suma cero. La persona que vende cree que el instrumento ya alcanzó el tope de su valor, y la que compra espera que siga aumentando.

Los bienes raíces comunes, los bienes raíces que producen ingresos y los bienes raíces comerciales, en cambio, representan una de las mejores bases para amasar una fortuna. Pero hay que tomar en cuenta que los bienes raíces comerciales no son un juego de niños.

Tengo dos amigos que son expertos de tiempo completo en bienes raíces de este tipo. Uno de ellos tiene 10 y el otro 20 años de experiencia. Juntos han sido dueños, han desarrollado y han operado millones de dólares en edificios de oficinas, instalaciones industriales, hoteles y otros bienes. Ambos quebraron cuando el mercado colapsó porque tenían hipotecas. Estas hipotecas estaban vinculadas a los contratos de renta y los clientes también quebraron debido a la situación económica: no tenían suficiente dinero para continuar en los edificios. Los bancos y las empresas hipotecarias recuperaron los inmuebles y mis amigos perdieron todo. Tuvieron que vender sus casas y todo lo que tenían. Se mudaron con sus respectivas familias a lugares rentados y tuvieron que empezar a ganarse de nuevo la vida de cero a pesar de haber sido multimillonarios.

Por todo esto, debes tomar en cuenta que en el ámbito de los bienes raíces comerciales es común que la gente quiebre o caiga en bancarrota. Seguramente sabes que 30% de los centros comerciales en Estados Unidos se encuentran en quiebra o a punto de estarlo, porque hoy en día es mucho más sencillo comprar cualquier artículo en internet. No tienes que subir a tu automóvil, manejar hasta el otro lado de la ciudad, encontrar dónde estacionarte, entrar a una tienda, darte cuenta de que no tienen la talla o el color de lo que buscabas. Ahora puedes sólo entrar a internet, dar algunos clics y obtener la talla, forma y color correctos en productos con descuento que, además, te entregarán en la puerta de tu casa al día siguiente.

En este momento, 30% de los centros comerciales están en bancarrota, por lo que serán convertidos en gimnasios, instalaciones para jugar boliche, o en oficinas de servicios públicos en los que, en lugar de estantes y productos, habrá escritorios.

La mejor inversión es la que te da como fruto un flujo de efectivo positivo, estable y constante. De vez en cuando me he involucrado en inversiones que implicaron la compra de una propiedad que no generaba flujo de efectivo, así que no ganas ni pierdes porque no te produce nada. Tienes que pagar el precio y la hipoteca, así como presentar avales personales, y sólo "sales tablas" porque la propiedad produce exclusivamente lo necesario para pagar la hipoteca.

¿Por qué invertí de esa manera? Porque al año siguiente se puede aumentar la renta un poco, y un año después la puedes subir un poco más, como en el ejemplo del departamento que di en otro capítulo. De hecho, en una ocasión compré una propiedad que al principio me costaba más de lo que producía porque tenía que darle mantenimiento cada mes. Sin embargo, conseguí un inquilino, así que sólo fui aumentando las rentas de forma gradual.

Hoy en día, si participo en inversiones de miles de millones de dólares en las que ni gano ni pierdo, lo hago porque me parece que son un proyecto bueno y sólido, y porque están en una zona con plusvalía. Si aguantas algún tiempo, como un año o dos, verás que al tercero o cuarto empezarás a tener una ganancia modesta. A veces pasan siete años antes de tener un flujo de efectivo positivo que compense los años que no recibiste nada. Esto es sumamente común en la adquisición de propiedades comerciales.

DAN

Brian, dinos qué nociones debemos retener respecto a los principios del ingreso y a tomar recursos para uno mismo cuando se es inversionista o empleado.

BRIAN

En primer lugar, recuerda que generar ingresos siempre es arriesgado, porque todos quieren una parte. Durante una conferencia para un grupo de maestría en Administración de Empresas, un buen amigo mío dijo que los tres factores con los que tendrás que lidiar a lo largo de tu carrera y que determinarán todo lo que te suceda son la competencia, la competencia y la competencia.

Todos desean vivir con comodidad, ganar mucho dinero, recibir un flujo de efectivo estable, obtener ganancias y mantener su nivel de vida. Por esta razón, siempre estarás rodeado de millones de personas que competirán contra ti para obtener la misma cantidad limitada de flujo de efectivo existente.

Por eso Warren Buffet dice que lo mejor que puedes hacer es invertir en fondos indexados. Ya mencioné que pasa 80% de su tiempo estudiando sus inversiones. Carlos Slim, uno de los hombres más ricos del mundo, hace lo mismo. Éstas son las personas a las que te enfrentas: empresarios brillantes con décadas de experiencia, un increíble bagaje de conocimiento y acceso a los asesores más astutos del mundo. Y a pesar de todo, ellos también cometen errores entre 25 y 30% de las ocasiones.

Si tomas en cuenta todo esto, lo mejor que puedes hacer para invertir es hacerlo con expertos, con gente que tenga manera de comprobar sus éxitos, que haya generado dinero, y cuyos recursos estén en la cuerda floja al igual que los tuyos. Las mejores inversiones que he hecho fueron con personas que invirtieron su dinero junto con el mío, sabiendo que no obtendrían nada a menos de que yo también ganara. Ambos produjimos el mismo nivel y porcentaje de ganancias. Este tipo de inversiones es el mejor de todos.

Capítulo 6

La ciencia de la creación de la riqueza

Anteriormente, cuando hablé de los mitos sobre el dinero, expliqué que la gente más rica no se enfoca en conseguir dinero sino en crear riqueza. Esta diferencia es fundamental porque cuando ves la administración del dinero como una disciplina científica puedes dar por sentado que es algo que se puede adquirir, cuando en realidad es un medio de intercambio de valor, el subproducto de una actividad productiva. En este capítulo Brian nos aclarará la diferencia y explicará cómo ciertos empresarios, inventores, autores y otros profesionales creativos usaron la creatividad y la innovación para llegar a ser de las personas mejor pagadas de planeta.

DAN

En esta sesión pasaremos al nivel más elevado de la ciencia del dinero. Podríamos llamarle "la graduación". En las sesiones anteriores exploramos ideas que se pueden aplicar para alcanzar la seguridad financiera y aprovechar el potencial de hacernos libres en lo económico. Sin embargo, si uno desea gran riqueza y pertenecer al grupo que la prensa llama "el 1%", tiene que pensar en grande y aportar valor o generar valor nuevo. Háblanos de la diferencia entre la *mentalidad competitiva* que te hace enfrentarte a otros para alcanzar el éxito, y la *mentalidad creativa* que te permite aportar valor y crear una categoría completamente nueva. También explícanos por qué esta última es más fructífera y muchísimo más segura.

BRIAN

Tanto la mentalidad competitiva como la mentalidad creativa son muy importantes. Como ya lo mencioné, vivimos en un mundo en el que todos quieren tener un mejor nivel de vida. Esto explica lo que sucede en Estados Unidos y Canadá, por una parte, y en China, Taiwán, Vietnam e Indonesia, por otra: países que están fabricando productos a un costo mucho menor que nosotros. Esos países actúan en nombre de los compradores estadounidenses que quieren pagar lo menos posible a cambio de la mejor calidad.

IBM solía ser la empresa más grande de computadoras personales. Establecieron el objetivo de controlar 50% del mercado en cinco años y lo lograron en dos. Luego vendieron 100% de su negocio informático a Lenovo, en China, y ahora ese país manufactura todas las computadoras personales IBM además de todas las de otras marcas que ya fabricaba para la mitad del mundo. ¿Por qué? Porque pueden manufacturar los productos a un precio mucho menor que nosotros. Competencia, competencia, competencia. Nunca se detiene.

Algunas personas llegan a formar parte del 1%, el 0.01% o el 0.001% en la cima, pero las posibilidades de que eso suceda son extraordinarias: 99 a 1. Es decir, se requiere que una cantidad enorme de factores coincidan. La mayoría de la gente se vuelve rica de forma gradual y empieza con un solo producto. Es algo que he estudiado durante años. Empiezas con un producto y lo conviertes en un éxito, pero hay una serie de etapas por las que tienes que pasar.

Digamos que quieres echar a andar un negocio y que tenga éxito. Por último, quieres ser rico para poder retirarte. Es una meta positiva, sana y viable. Lo primero que debes hacer es preguntarte: "¿Cuál será mi producto?" Define el producto en términos de tu oferta de valor. Esta última es la diferencia que el producto hará en la vida de tu cliente.

De acuerdo con lo que escribió Jim Collins en su libro *Good to Great*, las dos características cruciales para el éxito son: en primer lugar, que tu producto o servicio importe, que marque la diferencia y signifique algo. Debe ser algo que la gente quiera, necesite y le importe. Si tienes un producto sin relevancia, la única manera de venderlo será lanzando una campaña ingeniosa de publicidad y reduciendo el precio. En cambio, si tienes algo que en verdad le interese a la gente, puedes cobrar más y los clientes lo pagarán.

La segunda característica es que debe ser diferente y superior. Esto debe ser tan claro que la gente lo prefiera por encima de todos los demás productos similares disponibles. Un ejemplo perfecto de esto es el iPhone de Apple. Cuando salió al mercado, los líderes del mundo usaban BlackBerry, el cual controlaba 49% del mercado de negocios y Nokia controlaba 49% del mercado de telefonía celular. Cuando apareció el iPhone, Black-Berry y Nokia lo consideraron un juguete.

Sin embargo, Apple se dio cuenta de que podía combinar todas las características que la gente quería que tuviera el producto: compartir fotografías, enviar y descargar mensajes, acceso a información sobre restaurantes, uso de aplicaciones, etcétera. A eso le agregó la capacidad de tomar fotografías y almacenar música grabada. Con todo esto, el cliente podía crear cosas que no se le habían ocurrido a nadie antes. BlackBerry y Nokia, los gigantes de la industria, dijeron que era un juguete para adolescentes, que nadie lo querría y que siempre habría un mercado para el tradicional teléfono estable y de buen desempeño. Cinco años después, ambas empresas estaban en bancarrota.

En mis conferencias suelo tener esta conversación con el público:

—Hablemos sobre algo que les importe. ¿Alguna vez se han subido al automóvil y, unas calles más adelante o a la mitad del camino, se han dado cuenta de que dejaron el celular en casa? —las mil personas asienten y yo continúo—. ¿Qué hacen en ese caso?

—Dar vuelta y regresar por él —responden todos.

—Claro, es algo que te importa; es tan esencial que, si te das cuenta de que no lo tienes, darás vuelta y volverás para recuperarlo.

Necesitas un producto que sea relevante y que marque una diferencia en la vida de la gente. La oferta de valor te hace preguntarte: ¿qué hace mi producto por la gente?, ¿qué es eso por lo que todos están dispuestos a pagar? Hazte la pregunta: ¿cuál es ese problema tan trascendente que tu producto o servicio puede resolver y por el que la gente estará dispuesta a pagar? ¿Qué beneficio les ofrece a tus clientes?, ¿qué los hace estar dispuestos a sacrificarse para adquirirlo?, ¿qué objetivo les ayuda a cumplir?, ¿qué dolor les alivia? Es increíble la cantidad de productos y servicios sosos que no responden a estas preguntas y por eso fracasan.

Una vez que tengas la idea del producto, debes ponerlo a prueba. En la actualidad sabemos que la mejor manera de hacerlo es a través de las pruebas con clientes. Primero te preguntas: "¿Quién será la persona ideal para mi idea de producto?, ¿quién lo compraría más pronto y pagaría más por él?" Luego te acercas a uno o más de estos clientes potenciales y hablas con ellos en persona: ésta es la actividad que está revolucionando el *marketing* hoy en día.

En el pasado, las empresas preparaban un producto y luego lo anunciaban como una sorpresa, como el inicio de una película que es proyectada por primera vez. Ahora, más y más empresas se acercan a su cliente potencial y le dicen: "Creo que este producto es perfecto para ayudarle a mejorar su calidad de vida o actividad laboral. ¿Qué opina?" Los clientes te darán su opinión. "Me gusta esto, pero aquello no. Y me agrada tal, pero eso no, y si me ofreciera más de esto y menos de aquello..." Entonces tú vuelves a tu empresa y ajustas el producto.

Es un proceso similar al de la creación de una nueva receta. Tienes la receta familiar, pero puedes preguntar: "¿Qué opinas de este platillo?" "Está muy salado, lo serviste muy caliente, es demasiado dulce o es demasiado aquello." Entonces vuelves a la cocina y modificas un poco la receta hasta que a todos les parece perfecta. ¡Lo lograste!

Eso es lo que sucede ahora con el *marketing*, se llama *co-creación con el cliente*. Cuando se te ocurre una idea de producto te preguntas de qué manera puede mejorar la vida o el trabajo de tu cliente. Entonces te acercas a los compradores potenciales y trabajas con ellos hasta que están completamente de acuerdo contigo. "Sí, es un producto excelente. Estoy dispuesto a pagarle ahora mismo para poder tenerlo en cuanto lo lance al mercado." Lo único que en verdad importa es la transacción comercial, es decir, los actos personales que te hacen ganar dinero. No se trata nada más de que la gente te diga que algo le funciona, sino que en verdad te pague y se inscriba en lista de espera para recibirlo.

Piensa en los lanzamientos de Apple, cuando la gente se forma a lo largo de una avenida desde tres días antes y se queda a dormir ahí mientras sus familiares le llevan comida y guardan su lugar cuando tiene que ir al sanitario. A muchos empresarios les he preguntado: "¿Cuánta gente hace eso cada vez que presentas un producto nuevo?", y sólo se ríen. "Ni una. Cero. Jamás."

En resumen, primero pruebas el producto o servicio para asegurarte de que exista un mercado para él, luego lo ofreces en un lanzamiento limitado y averiguas cuánto puedes cobrar, y por último, lo dejas salir poco a poco y desarrollas un modelo de negocio que te permita hacerlo llegar a la mayor cantidad de clientes, al mejor precio y en el lapso más corto posible. Luego sólo multiplicas el proceso y lo repites una y otra vez.

Ésta es la manera en que la gente echa a andar un negocio exitoso. Si tienes suerte, crearás un producto o servicio revolucionario, pero hasta que eso no suceda no podrás ascender a los niveles en los que puedes generar una enorme cantidad de dinero. El software de Microsoft de Bill Gates fue un producto revolucionario, se convirtió en el sistema operativo por defecto de todas las computadoras del mundo.

Hay, sin embargo, un aspecto interesante a considerar: Bill Gates no lo creó. De hecho, se lo compró a alguien más, a un desarrollador. Luego lo mejoró de una manera dramática. Decidió dejarlo abierto para que todos los programadores del mundo pudieran usar el código y desarrollar otros software en la plataforma de Microsoft. Steve Jobs y Bill Gates empezaron a trabajar al mismo tiempo, a principios de los ochenta, pero Jobs decidió conservar la mayor cantidad posible de ganancias, y para eso cerró su arquitectura y la patentó.

Diez años después, Bill Gates tenía 90% del mercado y Apple sólo 2%, a pesar de que muchos pensaban que la computadora de Steve Jobs era de mayor calidad, más fácil de usar, más amigable con el usuario y más elegante, entre otras cosas. El problema era que su modelo de negocios era incorrecto. En 2006, cuando Apple lanzó el iPhone, volvió a decir: "Vamos a desarrollar las aplicaciones", y eso hicieron en algunos casos, pero después se convencieron de que debían dejar la arquitectura abierta y permitir que otras personas colaboraran. Admitieron que no contaban con los recursos necesarios para manejar una gran cantidad de aplicaciones. Steve Jobs luchó contra este esquema durante mucho tiempo, pero al final decidió dejar la arquitectura abierta para los desarrolladores de aplicaciones.

Ésta fue una de las decisiones de negocios más importantes de todos los tiempos, generó cientos y miles de millones de dólares, y convirtió a Apple en la empresa más rica del mundo. Su valor accionario es inaudito, ahora tienen 200 mil millones de dólares en el banco después de impuestos, y todo dependió de ese sutil ajuste en el modelo de negocio: abrir la arquitectura. Para ese momento, Bill Gates ya era el hombre más rico del mundo por haber hecho lo mismo desde el principio.

A veces tomas un producto o servicio y lo combinas con una manera original o distinta de *marketing* que puede transformar tu negocio. A Ray Kroc se le ocurrió esta idea cuando conoció a los hermanos McDonald y vio su puesto de hamburguesas en San Bernardino. Kroc vendía licuadoras especiales para hacer malteadas y notó que McDonald's las adquiría en gran cantidad, así que fue a visitarlos y se quedó asombrado al ver que tenían una línea de producción que preparaba hamburguesas, papas fritas y malteadas de gran calidad.

"Es una gran idea —pensó—. Tomaron el concepto tradicional del restaurante de hamburguesas y lo transformaron en una máquina." La gente se formaba afuera, otros llegaban en automóvil de muchos lugares, y los hermanos estaban haciendo una fortuna. Kroc se acercó a ellos.

—¿Les gustaría hacer negocios conmigo? —les preguntó.

—Claro, ¿por qué no?

—Entonces trabajaremos juntos y compartiremos la propiedad —dijo el empresario. Creo que les propuso un esquema de 50-50—. Me llevaré todo su sistema de producción a mi oficina central en Des Plaines, Illinois, y lo voy a duplicar.

Luego Kroc quiso expandir el negocio, así que visitó de nuevo a los McDonald. Les explicó su idea, les dijo que tendría que pedir dinero prestado y comprometerse con algunas hipotecas. Ellos no estuvieron de acuerdo porque no querían hacer nada de eso; eran sólo un par de tipos sencillos de San Bernardino, una comunidad de granjeros. Kroc les propuso otra cosa: "Entonces permítanme comprarles el negocio. Quiero adquirir el nombre y el concepto". Los McDonald le vendieron su concepto por una cantidad insignificante, y el resto es historia. La empresa tuvo un éxito enorme y Ray Kroc se convirtió en uno de los hombres más ricos de Estados Unidos.

Aquí hay otro aspecto interesante. Muchos empresarios dicen que quieren franquiciar sus negocios, lo he escuchado mucho. Sin embargo, vender la primera operación de franquicia toma entre siete y ocho años. Es decir, tienen que pasar siete u ocho años antes de que tu negocio se estandarice lo suficiente para convertirse en una máquina de hacer dinero garantizada, antes de que funcione como reloj suizo y le permita a cualquier franquiciatario abrir las puertas y empezar a tener ganancias todo el día.

Luego, para demostrar que tienes un sistema, comienzas otra operación y la duplicas como si fueran amibas o como si la clonaras. Clonas la operación original, creas una segunda e instalas los mismos sistemas, haces todo idéntico, sin desviarte. De esa manera comprobarás si en verdad se trata de una máquina de hacer dinero. Si la segunda funciona, sabrás que tienes algo en tus manos. Luego echas a andar una tercera y una cuarta operación. Esto, sin embargo, sólo se puede hacer hasta después del octavo año, como ya lo mencioné, es un sistema de siete años que te permite detectar todas las fallas del sistema. Sólo entonces puedes atreverte a duplicarlo.

Cuando Bill Gates se metió en problemas con Microsoft, le había prestado su software a IBM para sus computadoras bajo un esquema de licencias. Sin embargo, Microsoft tuvo dificultades económicas, como suele suceder en las recesiones, así que Gates fue a hablar con la gente de IBM.

—Miren, en lugar de pagarme regalías cada vez que instalen Microsoft en una computadora personal, ¿por qué no mejor les vendo el software y me pagan 350 mil dólares?

—No, nuestro negocio no contempla la propiedad de software. Muchas gracias, pero no estamos interesados en comprar Microsoft por 350 mil dólares.

¿Te imaginas esta barbaridad?

Gates supo que tenía que hacer funcionar su empresa y lo logró. Actualmente Microsoft podría comprar y vender IBM antes de la hora del desayuno sin que la transacción se notara siquiera en sus estados financieros. Con frecuencia me pregunto quién habrá sido el genio de IBM que tomó esa decisión. Fue un gran fracaso. Ahora vemos a Bill Gates y es imposible no decir: "Wow, ¡es el tipo más rico del mundo!", pero no lo habría logrado si no hubiera apostado todo como también lo hizo Ray Kroc.

Peter Drucker dijo: "Detrás de cada negocio exitoso hay alguien que se arriesgó en grande y triunfó". Los multimillonarios que amasaron sus propias fortunas son gente que empezó con las manos vacías, pero luego logró ganar más de mil millones de dólares. Dicen que los aspectos más importantes son el trabajo arduo y la disciplina autoimpuesta, luego, un aprendizaje continuo, algo que exploraremos más adelante con el caso de Warren Buffett. El tercer aspecto es la disposición a lanzarse de lleno, como en el juego de cartas Texas hold'em, a apostarle todas las fichas a una sola carta. Estos multimillonarios estuvieron dispuestos a hacer todo esto y les salió la carta correcta. Así es como puedes unirte al grupo del 0.001%. No hay nadie que se haya vuelto multimillonario sin haber pasado por todo esto, y de toda la gente que se metió de lleno para lograr este objetivo, la gran mayoría perdió todo y tuvo que empezar de nuevo.

Estamos hablando del 1% en la cima contra el 99% restante. Todos comienzan en la misma situación, con las mismas características: incapaces de ganar dinero, sin recursos, con una buena educación o no, etcétera. Entonces, ¿cómo lograron colarse al 1% en la cima?

Descubrí que no es 1 sino 3%. Éste es el porcentaje de gente que tiene metas claras, específicas y escritas, planes en los que se enfocan de la misma manera en que un arquitecto diseña un edificio hermoso y continúa perfeccionando los planos. Trabajan en objetivos y proyectos escritos.

Como ya sabes, gracias a varios estudios realizados, estas personas ganan en promedio 10 veces más, compran 10 veces más y tienen una calidad mucho más alta de vida porque escribieron sus planes y metas. Así que no es un 1 contra 99%, sino 3 contra 97 por ciento.

Estas cifras fueron estudiadas en la American Management Association, así se descubrió que la gente exitosa no es más inteligente, no tiene un coeficiente intelectual más elevado, no se graduó con mejores calificaciones ni tampoco estudió en universidades más prestigiosas. Sólo llevaron a cabo ciertas acciones de manera distinta, y una de ellas fue escribir sus objetivos y sus planes. Cuando empezaron redactaron planes de negocios muy precisos y luego, paso a paso, hicieron listas para encontrar productos o servicios que les funcionaran.

Yo he trabajado con gente muy eficaz que decidió meterse en negocios de mercadeo multinivel (MLM, por sus siglas en inglés). Pasaron 18 meses viajando por el país y analizando los cientos de negocios que hay de este tipo, probaron los productos de todos y por fin encontraron uno que les agradó, que era perfecto para ellos. Era el producto ideal en relación con sus intereses, así que se apuntaron y se unieron al negocio multinivel en cuestión. Antes de eso ya habían participado en negocios que no funcionaron y les hicieron perder todo su dinero, así que comenzaron de nuevo, pero en esta ocasión se volvieron multimillonarios porque hicieron el trabajo necesario.

La primera vez que se metieron a hacer un negocio sólo corrieron en desorden como perros detrás de un automóvil que pasa; la segunda, sin embargo, se sentaron a escribir sus objetivos. Se preguntaron: "¿Qué aprendí del negocio anterior? ¿Qué tipo de producto puedo vender con orgullo? ¿Qué tipo de producto comprará la gente de forma recurrente?" Analizaron esto de manera minuciosa y luego revisaron todos los productos disponibles en su lista hasta encontrar el idóneo. Hicieron experimentos a pequeña escala y luego tuvieron un éxito indiscutible. Lo sé porque hablé y trabajé con ellos.

Llegar a ser muy rico es algo poco común, pero el análisis y un planeamiento anticipado y minucioso te permiten aumentar tus probabilidades de manera dramática. Como dicen por ahí: no pierdas dinero. Piensa las cosas con cuidado e invierte tiempo y esfuerzo en analizar todos los detalles del negocio antes de invertir en él tu dinero y hacer un compromiso irrevocable.

DAN

Esta manera de trabajar es muy común, es lo que Michael Gerber llama *empresario de sistema*. Es una forma de denominar a alguien que trabaja enfocado en el sistema para poder duplicarlo y generar más valor, a diferencia de quien sólo desarrolla su oficio en el marco de un negocio modesto. Háblanos de la diferencia entre estos dos tipos de empresarios.

BRIAN

En primer lugar, muy pocos productos son franquiciables, porque tienen que ser consumibles. Debe ser algo que los clientes compren de manera recurrente y debe tener características superiores en relación con productos similares. Como ves, hay varios aspectos involucrados.

En segundo lugar, como ya dijimos, para que un negocio tenga éxito la primera vez tienen que pasar siete años, y tiene que ser un emprendimiento al que te entregues en cuerpo y alma. La gente a la que se le ocurrió la idea de trabajar *alrededor* del negocio en lugar de trabajar *en* él, nunca ha construido empresas exitosas, y ninguna de las personas a las que han asesorado han logrado hacerlo tampoco.

Tuve un buen amigo que se enamoró de la idea de trabajar *alrededor* de un negocio en lugar de *en* él. Me dijo: "Seguí los consejos del asesor a pies juntillas y terminé en bancarrota. Luego me sobrepuse y empecé a trabajar *en* el negocio".

Tengo otro buen amigo que da clases de administración de empresas. Un día hablé con él y me dijo que todos los dueños de negocios exitosos trabajan *en* el negocio sin excepción. "Mira a Bill Gates —me dijo—, es tal vez el empresario más exitoso del mundo. Trabaja como arquitecto principal de su negocio todo el tiempo; está inmerso en él por completo, ha cambiado de puesto, ha sido administrador, supervisor, director ejecutivo y jefe de operaciones, pero siempre está involucrado en el oficio. Desde los 12 años ha trabajado en su área de manera muy profunda."

Otro amigo, consultor en administración, analizó negocios durante 12 años. Revisó cientos de casos en busca de la cualidad que los había hecho exitosos y llegó a la conclusión de que todo se debía a una administración activa y práctica. Incluso escribió un libro al respecto. Los dueños de estos negocios hacen rondas, como los médicos que recorren el pabellón para visitar a sus pacientes. Toman el pulso, auscultan y revisan ojos, boca, cara, presión arterial. El médico está todo el tiempo auscultando al paciente en persona.

Echar a andar un negocio es algo muy parecido a una situación de emergencia. Si llegas a la sala de urgencias, encontrarás a los médicos y las enfermeras ahí, los verás atendiendo a los pacientes en persona porque son momentos críticos.

Hace tiempo leí algo en el muro de un hospital. Decía que cuando se sufre una apoplejía, los primeros 30 minutos determinaban si la persona podría caminar, pensar o hacer cualquier otra cosa después, por lo que hay que actuar con rapidez. Éstos son los síntomas, esto es lo que se debe hacer de inmediato, aquí es adonde debes acudir. Es como echar a andar un negocio, es una alerta roja. Todos los días son emocionantes, porque en cada ocasión tu negocio puede prosperar o venirse abajo. Si empiezas a acumular varios días en los que no entra dinero, no hay ganancias ni tampoco ventas, te hundirás.

Para que tu negocio tenga éxito necesitas meterte de lleno en él. Te aseguro que nadie que te diga lo contrario tiene un negocio próspero. Como seguro ya sabes por experiencia propia,

LA CIENCIA DE LA CREACIÓN DE LA RIQUEZA | 179

si quieres triunfar tienes que entregarte de lleno. Uno puede aumentar las probabilidades de tener éxito, pero no hay nada garantizado.

DAN

Cuando hablamos de crear riqueza nos referimos a una mentalidad distinta a la que se difunde en los medios de comunicación. Los medios dan por hecho que existe una especie de pastel fijo de recursos por el que todos estamos compitiendo. Podríamos llamarle *mentalidad de la carencia*. La ciencia del dinero, en cambio, nos enseña que el dinero no se divide, más bien se crea. Se le llama *mentalidad de la abundancia*. Háblanos de las diferencias entre estos dos conceptos.

BRIAN

Ésta es una excelente pregunta. A lo largo de toda la historia humana, la riqueza se ha transferido a través del saqueo y el despojo. La gente tenía propiedades que le había robado a otros, los duques, los barones, los condes, los reyes, etcétera. A los aldeanos se les exigía pagar un tributo, debían entregar 10 o 20% de sus cosechas a los dueños de la tierra, quienes las tomaban y las vendían. Ésta era su mayor fuente de ingresos, así comenzó el sistema tributario que tenemos ahora: proviene de la labor de la gente que trabaja la tierra.

Los barones tenían una vida maravillosa en castillos fabulosos, andaban por ahí con joyas increíbles mientras la gente común comía basura y tenía que pagar 10 o 20% de sus ganancias.

Es lo que produjo en Europa la historia de Robin Hood y todos esos mitos similares. Como lo mencioné anteriormente, las guerras son un pretexto para el saqueo, para robar, hurtar y llevarte el botín más abundante posible.

Ayn Rand habla del desarrollo del capitalismo a finales del siglo XVII y principios del XIX, en especial después de las guerras napoleónicas, que terminaron en 1815. Rand dijo que en ese momento se acuñó la expresión *hacer dinero*. *Hacer dinero* significa reunir recursos, materia prima, labor y, tiempo después, maquinaria, y crear riqueza donde antes no la había.

Estados Unidos fue durante 100 años el lugar idóneo para producir dinero; se podía hacerlo de la nada, cultivabas algo o lo arrancabas de la tierra, usabas la labor de la gente para talar árboles, fundir acero o tejer ropa, inventabas maquinaria, generabas riqueza a partir de materia prima y trabajo.

Un buen amigo mío, ahora uno de los hombres más ricos del mundo, escribió un libro en el que presentó una fórmula para explicar el bienestar material del hombre (*Man's Material Welfare* o MMW). De acuerdo con esta fórmula, el MMW es igual a *herramientas* × *tiempo* o *dinero*. En pocas palabras, dijo que el bienestar material del hombre proviene de herramientas que cuesta muchísimo dinero desarrollar, y eso, a su vez, se multiplica por el trabajo. La fórmula no cambia.

Hoy en día, crear un trabajo en el área de las ventas al menudeo cuesta 100 mil dólares, y en el área de la ingeniería petroquímica cuesta 500 mil. En cualquier industria, crear un empleo implica invertir cierta cantidad de dinero, y quien invierte debe haber ahorrado esa cantidad a partir de los gastos. El capitalismo se basa en realidad en el "ahorrismo": cada vez que se ahorra una gran cantidad de dinero, hay niveles elevados de capital disponible para ser invertido en nuevos negocios y oportunidades que, a su vez, generarán riqueza, empleos y posibilidades para el futuro.

Crear riqueza significa encontrar nuevas maneras de servir a otros, maneras de mejorar la vida y el trabajo de otras personas, de tal modo que estén dispuestas o incluso ansiosas por pagar por tu producto o servicio. Al mismo tiempo, tienes que competir con todos los empresarios que están detrás de los mismos consumidores y también quieren generar riqueza y disfrutar de la misma calidad de vida.

La mentalidad de la abundancia nos hace ver que las oportunidades son ilimitadas porque los seres humanos tienen deseos ilimitados, es uno de los principios más importantes que he aprendido. Mientras existan deseos insatisfechos, problemas sin resolver y necesidades humanas de las que nadie se haya ocupado, habrá oportunidades para un grupo minoritario de emprendedores creativos.

DAN

Una de las circunstancias que a veces le impide a la gente crear riqueza en grandes cantidades es el nivel de riesgo al que debe exponerse. Háblanos del riesgo que se debe correr para alcanzar los niveles que establecen las categorías de la riqueza en los estratos más altos del éxito, como en el caso de Mark Zuckerberg, Warren Buffett o Sara Blakely, fundadora de Spanx. ¿Vale la pena correr ese tipo de riesgos? ¿La gente puede tener aspiraciones más modestas y aun así generar una enorme cantidad de valor?

BRIAN

Tomemos estos tres ejemplos. En su dormitorio de Harvard, Mark Zuckerberg tuvo la idea de reunir a los chicos y las chicas a través de un sitio de internet en el que se desplegaran los perfiles de todos. Si veías a un chico o una chica que te agradaba, podías entrar a ver su perfil.

Le llamaron *The Facebook*. La gente podía entrar y ver las fotografías de otras personas de Harvard, era una idea genial. Más personas empezaron a interesarse y a participar. Al principio, esta idea no generaba dinero, era sólo un proyecto de estudiantes interesados en informática. Poco después, sin embargo, todos los universitarios estaban en Facebook, porque si querías tener actividad social y que la gente supiera más sobre ti y sobre las cosas que te interesaban, te inscribías. Los estudiantes empezaron a enviarse mensajes y tuvo tanto éxito en Harvard que alguien de Yale preguntó: "¿Puedes hacer el Facebook de Yale?" Claro, contestaron los estudiantes y usaron la misma tecnología para duplicar el sitio.

Luego se dieron cuenta de que había personas de fuera de las universidades que también estaban interesadas; fue por accidente. Todos querían comunicarse con otras personas en internet y compartir historias y fotografías. Era algo muy primitivo al principio; desarrollaron por casualidad una tecnología que se hizo viral. Imagínate: mil millones de personas entran diario a Facebook, cuya red cuenta actualmente con 1 200 millones de usuarios. Son cifras fenomenales. Lo de Facebook fue un verdadero golpe de suerte, porque antes hubo otros sitios tipo red social que desaparecieron, como MySpace.

Warren Buffett tomó un curso en la universidad de Columbia con un profesor llamado Benjamin Graham. Éste es el padre de la *inversión en valor*. Esta teoría dice que para averiguar si un producto o servicio en verdad genera valor para el cliente es necesario analizar a profundidad los fundamentos de la empresa que lo vende. A esto se le llama *creación de valor* y *captura de valor*. La creación de valor tiene que ver con los clientes, ya que el producto mejora su vida de una manera que sobrepasa por mucho la cantidad de dinero que pagan por él. La captura de valor se refiere a conservar la parte de valor que creas para otros.

Graham enseñaba esta filosofía basada en el análisis del valor subyacente de un negocio y en la manera en que las empresas ofrecen un valor mayor, mejor o distinto que el de sus competidores en industrias similares. Sus preguntas recurrentes eran: ¿quiénes forman parte de la empresa? ¿Son buenos administradores? ¿Son desarrolladores astutos de nuevos productos? ¿Son ambiciosos y siempre buscan la manera de mejorar el producto? Como puedes ver, se trata de una combinación de factores que propician la creación de valor.

Warren Buffett fue criado en una buena familia. Su padre trabajaba de manera fija en Washington, pero no contaban con muchos recursos, por lo que a los 14 años Warren buscó un empleo. Así empezó a repartir periódicos por las mañanas. Le pagaban un centavo por cada ejemplar entregado. Como era cuidadoso con su dinero y sus padres se hacían cargo de todos sus gastos, pudo ahorrar. Durante dos años se levantó a las cuatro de la mañana para repartir periódicos, y luego regresaba a casa para prepararse e ir a la escuela. En ese lapso entregó 200 mil ejemplares.

El joven Warren ahorró dos mil dólares, se graduó de la Universidad de Columbia y comenzó un negocio con base en la teoría de Benjamin Graham: invertir en empresas valiosas y ofrecer productos y servicios necesarios, atractivos para los clientes, superiores a los de la competencia y capaces de generar ganancias. Luego, tomar esas ganancias, canalizarlas para adquirir otras empresas que también vendan productos y servicios que la gente quiera, y generar más ganancias. Después, tomar ese gran caudal de recursos y replicar el proceso. Siguió repitiendo la fórmula hasta llegar al lugar que hoy ocupa: el del inversionista más exitoso de la historia.

Es un concepto muy simple. Buffett tomó este curso con Ben Graham por accidente, pero eso lo preparó desde que era muy joven y le hizo fijarse un sistema de inversión del que nunca se desvió. Actualmente, en todo Estados Unidos y en el mundo entero hay lo que muchos llaman *multimillonarios Buffett*. Son médicos, abogados, vendedores y empresarios de Omaha que conocieron a Warren de joven. Cuando tenía veintitantos años y empezó a invertir sus dos mil dólares le fue muy bien. Además era un individuo muy agradable, así que muchos se acercaron a él y le preguntaron si podría invertir su dinero por ellos. Warren estuvo encantado de hacerlo. Por supuesto, uno nunca escucha hablar de estos individuos, pero algunos de ellos tienen un valor neto de entre cinco mil y seis mil millones de dólares porque hicieron negocios con Warren cuando sólo era un jovencito que empezaba a invertir.

Ahora hablemos de Sara Blakely, la inventora de Spanx. Sara tenía la misma preocupación que muchas mujeres: quería lucir bien. Empezó a buscar entre las prendas de ropa interior femenina y notó que ninguna estaba fabricada con la tecnología plastificada que ya estaba disponible en el mercado y que podría en verdad dar una apariencia de firmeza. Entonces se dio cuenta de que nadie ofrecía algo así, y de esa manera comenzó con su negocio.

A Sara se le ocurrieron varias ideas geniales, por lo que Spanx pudo ofrecer una variedad interesante de productos. Desarrolló sus propios modelos y los mandó a fabricar, luego tocó puertas, fue a distintas tiendas y boutiques para ofrecer sus productos en consignación para que los vendieran. La gente empezó a comprarlos y el negocio despegó. Al principio tuvo que trabajar demencialmente para lograr que la gente se llevara lo que vendía Spanx, pero en realidad estaba ofreciendo el producto correcto en el momento indicado.

Sara es una mujer de negocios muy inteligente, por eso contrató diseñadores de alto nivel para que colaboraran con ella. Hasta la fecha, sin embargo, continúa diseñando todos los productos ella misma. Su empresa despegó hasta el cielo porque el producto era de gran calidad y mucha gente lo quería. Hoy en día Spanx es una empresa del más alto nivel y su producto es considerado el de mayor calidad.

Los iPhone de Apple son un caso similar. La gente puede pagar mucho más dinero por un iPhone en lugar de comprar un teléfono celular de Samsung o de otra empresa, porque el iPhone es considerado un producto premium en el mercado.

DAN

Brian, ¿qué ideas debería retener la gente de esta discusión sobre la creación de la riqueza?

BRIAN

El principio más importante es el del mejoramiento continuo. ¿Has escuchado hablar del *mejoramiento continuo y permanente*?

El peor enemigo del éxito, tanto financiero como de cualquier otro tipo, es la indiferencia, el gusto por permanecer en la zona de confort. Muchas empresas comienzan con un producto excelente, el mercado lo aclama, vendes una enorme cantidad y luego surgen competidores por todos lados. Es un principio económico: en cualquier área en la que haya ganancias potenciales por encima del promedio, los competidores se apresurarán a lanzar al mercado productos o servicios similares para tratar de quedarse con una tajada de las ganancias adicionales. Hace muchos años escribí un artículo al respecto, fue publicado en todos los periódicos. Se intitula: "El único remedio para los precios altos son los precios altos" ("The Only Cure for High Prices Is High Prices"). La gente siempre se queja cuando los precios aumentan, pero no hay de qué preocuparse, los competidores siempre se apresurarán a entrar al mercado para ofrecer el mismo producto en grandes cantidades. Entonces habrá una oferta excesiva y los precios bajarán. Luego habrá un colapso porque los comerciantes tratarán de hacer salir su inventario, así que, entre más alto sea el precio, más pronto entrarán los competidores al mercado y crearán una sobreoferta, y más pronto disminuirá el precio.

A pesar de esto, el mejoramiento incesante permite que algunas empresas e individuos tengan un éxito asombroso. Yo mejoro diariamente en todos los sentidos posibles. Aprendo más; nunca me voy a dormir sin asegurarme de saber más que cuando desperté por la mañana. Las personas exitosas siempre escuchan audiolibros y podcast, leen y mejoran sus habilidades.

Hace poco recibí un mensaje de un socio de negocios que llevaba tres días fuera de la ciudad porque asistió a un taller de muy alto nivel sobre *marketing* digital, un área en la que tenemos un negocio importante. Lo escuché muy emocionado, muchas de las personalidades más informadas del país estaban enseñando conceptos sobre este tema para aumentar el índice de respuesta, las primeras ventas y las segundas ventas. Mi socio siempre asiste a estos cursos y tiene uno de los negocios de *marketing* digital en línea más exitosos del país.

No es ningún milagro, el mejoramiento continuo y permanente hace que las empresas sean cada vez más competitivas y les permite ofrecer productos mejores, más económicos y convenientes. Si continúas insistiendo, si buscas todo el tiempo formas de mejorar, encontrarás un producto o servicio como los de Spanx, Facebook o Microsoft. Notarás algo que nadie ha visto, y eso se deberá a que siempre estás al frente, corriendo riesgos, presionando, buscando maneras de hacer las cosas cada vez mejor.

Llegará un momento en que, si Dios quiere, como dicen por ahí, y si tienes suerte, podrías tener un éxito enorme. Ésta es la manera en que muchos pasan de batallar todos los días a ser multimillonarios en su propia generación.

Capítulo 7

La ciencia para multiplicar tu riqueza

Una vez que hayas alcanzado cierto nivel de éxito económico, querrás encontrar la mejor manera de invertir tu dinero para que se multiplique mientras tú continúas esforzándote por ser el mejor de tu industria. Sin embargo, veremos que muchos cometen el error de arriesgar demasiado al invertir. Esto se debe a que se informan mal, son demasiado codiciosos o están tan ocupados que no pueden prestar suficiente atención a la manera en que invierten.

En este capítulo, Brian te enseñará a multiplicar la riqueza, las estrategias que le han funcionado a la mayor cantidad de gente durante mucho tiempo. Algunos no creen que en verdad sea posible multiplicar la riqueza, en especial si no hay un retorno sobre inversión garantizado. No obstante, Brian te mostrará que esta noción es errónea. No conocer los conceptos que te enseñará podría costarte una fortuna.

BRIAN

La independencia económica debería ser uno de los objetivos más importantes en la vida. Debes fijarte la meta de llegar a acumular una cantidad suficiente de dinero para no volver a preocuparte jamás. La buena noticia es que hoy en día alcanzar esa independencia es más sencillo que nunca. Vivimos en el país más rico y estamos en la era más abundante de la historia humana, a pesar de los altibajos económicos a corto plazo. Nos rodea más riqueza y opulencia que nunca.

Como ya lo mencioné, cuando comencé había un millón de millonarios y sólo algunos multimillonarios. Ahora hay 10 millones de millonarios y dos mil multimillonarios. Los multimillonarios están aumentando a una tasa de entre 40 y 50 por año, lo cual implica una cantidad asombrosa de dinero. ¡Mil millones de dólares salidos de la nada!

Tu objetivo debe ser participar de lleno en lo que muchos han empezado a llamar "la era dorada de la humanidad".

El dinero tiene una energía propia y se siente atraído en particular a quienes lo tratan bien, tiende a fluir hacia la gente que lo puede usar de la manera más productiva para generar bienes y servicios valiosos, y hacia quienes lo invierten para crear empleos y oportunidades benéficas para otros. Por el contrario, se aleja de quienes lo usan de una manera torpe o lo gastan de forma improductiva. Tu trabajo consiste en adquirir todo el dinero posible de fuentes legítimas y usarlo para mejorar tu calidad de vida y la de tus seres queridos.

Hablemos sobre algunas de las leyes del dinero. La primera es la *ley de causa y efecto*, y dice que todo sucede por una razón, que todo efecto tiene una causa. Es la ley de hierro del destino humano. Se basa en el hecho de que vivimos en un mundo gobernado por leyes, no por el azar. Todo sucede por algo, conozcamos la causa o no. Todo efecto, éxito o fracaso, la riqueza y la pobreza, todo tiene una causa específica. Toda causa, a su vez, tiene un efecto o consecuencia de algún tipo, lo veamos o no, nos agrade o no.

Esta ley dice que todo logro, que toda la riqueza, felicidad, prosperidad y éxito son efecto o resultado directo o indirecto de causas o acciones específicas. Esto significa que si tienes claridad respecto al efecto deseado, lo más probable es que logres producirlo. Puedes estudiar el trabajo de personas que alcanzaron la misma meta e imitarlas para obtener resultados similares.

La ley de causa y efecto es tan aplicable al dinero como a cualquier otra área. En este caso, nos indica que el éxito financiero es un efecto y, por lo tanto, se deriva de causas específicas. Al identificar estas causas y reproducirlas en tu vida y tus actividades, podrás tener los mismos resultados que otros cientos de miles o incluso millones de personas. Puedes acumular cualquier cantidad de dinero que quieras si sólo haces lo que otros hicieron para conseguir los mismos resultados. Si no lo haces, no sucede, tan simple como eso.

Tu objetivo financiero más importante debería ser acumular capital hasta que tus inversiones te paguen más de lo que ganas en tu empleo: es la meta esencial en la vida. Entre más rápido te fijes esa meta, más pronto comenzarás a trabajar en ella y a alcanzarla.

Ahora hablemos de la *ley de la inversión*. Este principio nos dice que debemos investigar antes de invertir: es uno de los más importantes. Cada vez que consideres una inversión debes estudiarla, por lo menos, la misma cantidad de tiempo que te tomó ganar el dinero que piensas colocar en ella. Nunca permitas que te presionen para separarte de lo que has ahorrado, trabajaste muy duro para obtenerlo y te ha tomado demasiado tiempo acumularlo.

Investiga todos los aspectos de la inversión mucho antes de comprometerte; solicita datos completos y detallados; exige información honesta, precisa y adecuada sin importar el tipo de inversión. Si tienes dudas o sospechas, tal vez sea mejor que dejes tu dinero en el banco o en una cuenta de mercado de dinero en vez de correr el riesgo de perderlo.

El primer corolario de la ley de la inversión es: lo único sencillo respecto al dinero es perderlo. Ganar dinero en un mercado competitivo es difícil, pero perderlo es lo más fácil que hay. Recuerdo un proverbio japonés que dice que hacer dinero es como cavar con las uñas y perderlo es como verter agua sobre la arena.

El segundo corolario de esta ley lo enunció Marvin Davis, un multibillonario que empezó desde cero. En una entrevista para la revista *Forbes* le preguntaron a Davis sobre sus reglas para hacer dinero, y dijo que él seguía un principio muy sencillo: *no perder dinero*. Es su regla más importante. Davis dice que si corres el riesgo de perder dinero, simplemente no te separes de él. Es un principio tan importante que deberías escribirlo y ponerlo en un lugar donde puedas leerlo y releerlo.

Considera tu dinero como si fuera un fragmento de tu vida, piensa que para obtener dinero y ahorrarlo o invertirlo tienes que dar a cambio cierta cantidad de horas, semanas e incluso años, y ese tiempo es irremplazable. Es una parte de tu valiosa vida que se ha ido para siempre. Con sólo enfocarte en aferrarte a tu dinero en lugar de perderlo, podrás alcanzar la seguridad financiera, así que no lo pierdas.

El tercer corolario de la ley de la inversión dice que si crees que puedes darte el lujo de perder un poco de dinero, terminarás perdiendo mucho. Hay algo peculiar en la actitud de una persona que siente que tiene suficiente para correr el riesgo de perder un poco. Recuerda el viejo adagio: "El tonto y su dinero se separan pronto". Hay otro que dice que cuando un hombre con experiencia conoce a uno con dinero, el hombre del dinero terminará adquiriendo experiencia y el hombre con experiencia se quedará con el dinero.

Siempre pregúntate qué pasaría si perdieras 100% de una inversión en potencia. ¿Podrías afrontarlo? Si no, no inviertas.

El cuarto corolario de la ley de la inversión dice que sólo se debe invertir con expertos que tengan una historia comprobable de éxito con su propio dinero. Debes invertir sólo con gente que tenga una historia tan exitosa con el dinero, que tu riesgo se reduzca de manera dramática. Insisto: no pierdas dinero. Si alguna vez te sientes tentado, siempre regresa a esta regla y aférrate a lo que tengas.

Sólo participa en inversiones que comprendas a fondo y en las que creas. No aceptes asesoría de gente que no haya alcanzado el éxito financiero siguiendo sus propios consejos. Y por cierto, recuerda que cuando los mercados colapsan, muchos asesores financieros terminan en bancarrota, sin casa y sin empleo, o trabajando en McDonald's. Asimismo, muchas personas que venden productos para el éxito financiero o para volverse ricas en un abrir y cerrar de ojos no reciben dinero de otra fuente de ingresos que no sea vender dichos productos a los incautos.

La siguiente es la *ley del interés compuesto*. Esta ley dice que puedes volverte rico invirtiendo tu dinero con atención y permitiendo que crezca gracias al interés compuesto. El interés compuesto es uno de los grandes milagros de la economía y de la historia de la humanidad. Albert Einstein lo describió como la fuerza más poderosa de nuestra sociedad o incluso del universo. Si permites que el dinero se acumule con interés compuesto durante un periodo suficiente de tiempo, aumentará más de lo que te imaginas.

Puedes usar la regla de 72 para determinar cuánto le tomará a tu dinero duplicarse con cualquier tasa de interés. Sólo necesitas dividir la tasa entre 72. Te daré un ejemplo. Si recibes 8% de interés sobre tu inversión, divide 72 entre 8. El resultado es 9. Esto significa que duplicar tu dinero con una tasa de 8% te tomará nueve años. De esta manera se ha podido calcular que si se hubiera invertido un dólar a una tasa de 3% en los tiempos de Jesucristo, la cantidad acumulada equivaldría a la mitad de todo el dinero que hay en el mundo en la actualidad. Si se le hubiera permitido a ese dólar crecer y duplicarse innumerables veces, habría generado miles de millones de dólares, si no es que trillones de hoy en día.

Por esta razón, el primer corolario de esta ley nos dice que la clave del interés compuesto es guardarlo bajo llave y no tocarlo nunca. Una vez que empieces a acumular dinero, empezará a crecer, pero no deberás tocarlo jamás ni gastarlo por ninguna razón. Si lo haces, perderás el poder del interés compuesto, y aunque sólo gastes una porción hoy, estarás renunciando a lo que podría ser una cantidad asombrosa más adelante.

Si empiezas pronto, si inviertes de manera consistente, si nunca retiras fondos y si confías en su poder, el interés compuesto te volverá rico. Una persona común que gana ingresos promedio e invirtió 100 dólares al mes de los 21 años a los 65, ganando una tasa de interés compuesto de 10% durante el periodo completo, podría retirarse con un valor neto de 1 118 000 dólares.

Abre una cuenta ordinaria de inversión mensual y comprométete a invertir una cantidad fija durante los próximos cinco, 10 o incluso 20 años. Elige una empresa con una línea de fondos mutualistas e instrumentos de inversión, y mantén trabajando tu dinero mes tras mes, año tras año.

La siguiente ley del dinero es la *ley de la acumulación*. Esta ley dice que todo gran logro económico es resultado de la acumulación de cientos de pequeños esfuerzos y sacrificios que nadie ve ni aprecia. La independencia económica exige una cantidad asombrosa de pequeñas acciones de tu parte. Para empezar el proceso de acumulación debes ser una persona disciplinada y persistente. Tienes que ser constante durante mucho tiempo. Al principio no notarás gran diferencia, pero poco a poco tus esfuerzos empezarán a dar fruto y aventajarás a tus iguales. Tus finanzas serán más sanas y tus deudas se irán pagando, tu cuenta bancaria crecerá y toda tu vida mejorará.

El primer corolario de la ley de la acumulación indica que a medida que se acumulen tus ahorros desarrollarás un impulso que te acercará con mayor rapidez a tus objetivos financieros. Iniciar un programa de acumulación económica es arduo, pero una vez que lo hagas te irá resultando más fácil. El *principio del impulso* es uno de los secretos más importantes del éxito, y dice que comenzar y superar la inercia inicial y la resistencia a la acumulación financiera requiere de una cantidad enorme de energía, pero una vez que empieces te costará mucho menos trabajo seguir adelante.

El segundo corolario dice que es más sencillo comenzar de a poco. Cuando piensas en ahorrar 10 o 20% de tus ingresos, de inmediato se te ocurrirán mil razones por las que no es posible hacerlo: porque te vas a endeudar, porque tendrás que gastar cada centavo de tu salario sólo para mantenerte a flote.

Pero no te preocupes, hay una solución. Empieza ahorrando sólo 1% de tus ingresos en una cuenta especial que no deberás tocar jamás. Empieza guardando en un gran frasco tus monedas sueltas cuando regreses a casa por la noche. Cuando esté lleno llévalo al banco y añade el contenido a tu cuenta de ahorros. Cada vez que tengas una cantidad adicional de dinero porque vendiste algo, porque te pagaron una vieja deuda o porque te dieron un bono inesperado, en lugar de gastar el dinero guárdalo en tu cuenta. Estas pequeñas cantidades empezarán a sumarse a un ritmo sorprendente. Cuando te sientas cómodo ahorrando 1%, aumenta a 2%, luego a 3, a 4 y 5% sucesivamente. Un año después verás que puedes salir de deudas y ahorrar entre 10 y 15%, o incluso 20% de tus ingresos sin que esto afecte tu estilo de vida.

La siguiente se llama *ley del magnetismo*. Este principio dice que entre más dinero ahorres y acumules, más dinero atraerás a tu vida. La ley del magnetismo, también conocida como *ley de la atracción*, ha sido una de las principales razones por las que la gente ha podido amasar fortunas a lo largo de la historia. Esta ley explica buena parte del éxito y el fracaso en todos los aspectos de la vida, pero en particular en el económico. El dinero va adonde lo aman y lo respetan, así que entre más emociones positivas puedas relacionar con tu dinero, más oportunidades tendrás de atraer aún más.

El primer corolario de la ley del magnetismo aplicada al dinero indica que la conciencia de la prosperidad atrae dinero como un imán a la limadura de hierro, por eso es tan significativo que empieces a acumular dinero sin importar tu situación. Guarda sólo unas monedas en una alcancía, empieza a ahorrar un poco. Este dinero se magnetizará gracias a tu anhelo y tu esperanza, y empezará a atraer más dinero a ti con una rapidez inimaginable.

La segunda conclusión de esta ley dice que para hacer dinero hay que tener dinero. A medida que acumules recursos empezarás a atraer a tu vida más dinero y más oportunidades de generar más, por eso es esencial que empieces aunque sea con una suma modesta. Te asombrará lo que pase. Cada día, cada semana y cada mes tómate tiempo para reflexionar respecto a tu situación financiera y busca maneras de utilizar tus recursos con inteligencia.

Como lo mencioné anteriormente, los multimillonarios que forjan su propia riqueza piensan más en acumularla que la gente pobre, en una proporción de 10:1. Cada semana pasan algún tiempo pensando en cuánto tienen, cómo lo utilizan, cómo invertirlo mejor y cómo ganar más. Cuanto más tiempo pienses en tus finanzas de manera inteligente, mejores decisiones tomarás y más dinero tendrás en qué pensar. Asimismo, cuanto más pienses en tus ahorros e inversiones, más atraerás a tu vida.

La siguiente es la *ley de la aceleración aceleratriz*. Este principio dice que cuanto más rápido te muevas hacia la libertad financiera, más rápido ésta se acercará a ti. Cuanto más dinero acumules y más éxito alcances, más rápido el dinero y el éxito se moverán hacia ti provenientes de distintas direcciones.

Antes de tener su primera oportunidad real, todas las personas que son exitosas hoy en día trabajaron arduamente durante años. Sin embargo, a partir de que la primera oportunidad llegó, empezaron a presentarse otras provenientes de muchos lugares. El principal problema de la gente exitosa es organizar las oportunidades que le llegan de todos lados. A ti te sucederá lo mismo.

Piensa en las empresas de Silicon Valley, que primero invirtieron millones de dólares, luego decenas y luego centenas de millones. Invirtieron en empresas como Facebook, Google y Apple, y ganaron cientos y miles de millones de dólares. Ahora, este mismo tipo de oportunidades les llegan como ríos que fluyen desde muchos sitios en los que pueden invertir de nuevo una fortuna.

Fidelity Magellan es uno de los fondos mutualistas más exitosos de todos los tiempos. Peter Lynch, antiguo gerente de este fondo, dijo que las mejores inversiones que él había hecho fueron las que tomaron mucho tiempo antes de dar fruto. Con frecuencia compró acciones de empresas cuyo valor no aumentó en varios años, pero luego despegó y se incrementó 10 o 20 veces. Esta estrategia de Warren Buffett de elegir acciones a largo plazo fue la que con el paso del tiempo le permitió a Lynch llegar a ser uno de los gerentes más exitosos y mejor pagados de Estados Unidos.

Lo anterior nos lleva a la *ley del mercado de valores*. El valor actual de una acción es el flujo de efectivo total anticipado, descontado hasta el día de hoy. ¿Qué significa esto? Que una acción representa una porción de la propiedad de la empresa. Esto le concede al dueño de esa acción todos los beneficios y todos los riesgos de la propiedad, entre ellos las ganancias, las pérdidas, los aumentos de acciones, el descenso del valor, una administración correcta o mala, y demanda en aumento o en descenso de los productos o servicios que la empresa produce y vende. Cuando compras una acción te conviertes en propietario de todo lo que sucede en la empresa. Estás invirtiendo cierta cantidad y apostando a que tu retorno será mayor a lo que podrías ganar en una inversión garantizada como la que ofrecería un bono o un fondo de mercado de dinero.

Comprar una acción es una forma de apostar, porque tanto el futuro de la empresa como el valor de la acción son impredecibles; a ambos los determina una infinidad de fuerzas del mercado como las ventas, la competencia, los cambios tecnológicos, las tasas de interés, la calidad de la administración, los sucesos mundiales y el clima, entre muchas otras.

El primer corolario del mercado de valores indica que la especulación a la alza (*bull*) y la especulación a la baja (*bear*) generan dinero, pero los cerdos (*pigs*), es decir, los inversionistas codiciosos, terminan en el matadero. Esto significa que la gente que invierte de manera agresiva y cuando el mercado está a la alza, gana dinero; quienes venden corto y se protegen cuando el mercado está a la baja, también ganan dinero. En cambio, la gente codiciosa que trata de tener fuertes ganancias en el mercado casi siempre pierde.

Más de 70% de los *day traders* o *flash traders* (gente que entra y sale del mercado el mismo día, o que incluso entra y sale en el margen de una hora) pierde dinero. De hecho, muchos pierden todo.

El segundo corolario es que la inversión a largo plazo en la bolsa de valores estadounidense es la mejor manera de lograr una seguridad financiera a largo plazo. El valor de las acciones comerciadas en los mercados estadounidenses ha aumentado en promedio 11% en los últimos 80 años. Por esta razón, una persona que empezó a invertir a los 20 años 100 dólares mensuales en un fondo mutualista que aumentó en promedio 10% al año se podría retirar con un valor neto de más de un millón de dólares.

El tercer corolario indica que el promedio del costo del dólar a largo plazo te puede volver rico. Esta conclusión significa que el factor de oportunidad en el mercado no funciona, que es virtualmente imposible que tú o cualquier persona compre acciones de manera constante cuando los precios bajen y que las venda cuando aumenten. Siempre es mejor adquirir acciones de una empresa renombrada y sólida que venda productos y servicios valiosos y respetados, y aferrarse a ellas a largo plazo. A esto se le llama *inversión de valor* y es lo que en verdad puede hacer que la gente que entra a la bolsa de valores se vuelva rica.

El cuarto corolario indica que la bolsa de valores la administran y la forman profesionales. Esto significa que toda compra de acciones representa la venta de esa misma acción por parte de alguien más. Quien compra la acción está apostando a que ésta bajará de precio. Cada compra y cada venta se hace como parte de un juego suma cero en el que alguien apuesta con conocimiento y juicio propios en contra del conocimiento y juicio de alguien más.

La mayoría de los corredores de bolsa son profesionales que se dedican a esto entre 50 y 60 horas a la semana, a veces durante varias décadas. Esto significa que la opción más segura para ti es invertir en un fondo indexado que represente a todas las acciones con las que trabaja, y que aumente o baje en relación con la tendencia promedio de todo el mercado. Aunque existen muchos, el tipo de fondo indexado más popular es el Standard & Poor's 500. Durante varios años, los fondos indexados S & P han tenido un desempeño constante superior al de 80% de los fondos mutualistas administrados por profesionales.

La siguiente ley de la inversión es la *ley de los bienes raíces*. Esta ley dice que el valor de un inmueble es el poder de ganancia futura de ese inmueble en particular. El valor de cualquier propiedad lo determina el ingreso que pueda ser generado por ella misma cuando sea desarrollada a su mayor potencial y uso, a partir de este momento y en el futuro. Un inmueble puede tener cierto valor sentimental para el particular que lo posee, pero su valor en dólares se relaciona de manera directa con su capacidad de generar dinero en el futuro.

Hay millones de kilómetros cuadrados de terreno que nunca tendrán ningún valor, como las tierras desérticas que no tienen capacidad de generar dinero en el futuro porque no es posible desarrollarlas para que produzcan ingresos, para ser usadas como alojamiento ni para que satisfagan ninguna necesidad humana. En muchas ciudades hay vastas áreas en las que el valor de la propiedad está disminuyendo. Piensa en Detroit, por ejemplo, un lugar donde el crecimiento y el desarrollo vinieron y se fueron para no volver tal vez. Todos los días la gente vende casas y propiedades a precios menores de los que pagó, y si no, las están perdiendo en remates inmobiliarios, porque su capacidad de generar ingresos y ser rentadas, en resumen, su valor, continúa a la baja.

El primer corolario de la ley de los bienes raíces es que uno gana dinero cuando compra, pero esa ganancia sólo se ejerce al vender. Esto es fundamental. Adquirir una propiedad al precio adecuado y bajo los términos correctos es lo que te permite venderla y obtener una ganancia. Mucha gente cree que podrá generar dinero cuando venda el inmueble sin importar la manera en que lo compró ni a qué precio, pero eso es como tratar de hacer que la carreta avance con el caballo enganchado atrás en lugar de al frente. Entre más cuidadoso seas al investigar una propiedad y entre más minucioso seas al preparar tu oferta de compra, más probable es que obtengas un trato que te permita vender más adelante y obtener ganancias.

El segundo corolario de la ley de los bienes raíces se refiere a las tres claves para elegir un inmueble: ubicación, ubicación, ubicación. Cada propiedad es inigualable en el sentido de que es la única que se encuentra en cierto lugar sobre la superficie terrestre. Tu habilidad de elegir una propiedad en una ubicación excelente tendrá un impacto mucho mayor en su capacidad de generar dinero a futuro que cualquier otra decisión que puedas tomar.

El tercer corolario es que el valor de los bienes raíces lo determina la actividad económica general del área en que se encuentren, así como el número de empleos y el nivel de los salarios. Esto es muy importante al seleccionar la colonia o la comunidad en la que vas a invertir. De manera general, el valor de la propiedad aumenta en una proporción de tres a uno en relación con el crecimiento de la tasa de población, y en una proporción de dos a uno en relación con la tasa de inflación. Cuando adquieres una propiedad en una comunidad de rápido crecimiento, prácticamente tienes garantizado que el incremento en el valor será superior al promedio.

Por ejemplo, debido al increíble auge en el empleo y la alta tecnología, así como en los negocios que pagan salarios elevados, el valor de los bienes raíces en Santa Clara y alrededor de Silicon Valley ha aumentado entre cinco y 10 veces en los últimos años. Los factores que más afectan el valor de los bienes raíces en cualquier área son el nivel de formación de nuevos negocios y el crecimiento económico en la zona circundante. Te recomiendo que tomes hoy la decisión de invertir en una propiedad. La única forma en que puedes aprender sobre la inversión en bienes raíces es siendo dueño de un inmueble y aplicando tu conocimiento y habilidades para incrementar su valor.

Hace mucho tiempo, a principios del siglo xx, hubo un hombre llamado Bernard Baruch que empezó su carrera trabajando como mensajero, llevando y trayendo órdenes entre los corredores de bolsa. Mientras la mayoría de sus amigos pasaba el tiempo jugando, él les preguntaba a todos los corredores por qué habían decidido hacer cada transacción. Con el tiempo desarrolló una buena noción respecto a las características de una buena inversión en acciones y comenzó a invertir un dólar a la semana.

Cinco años después, ya era uno de los hombres más ricos de Estados Unidos. Luego fue asesor de seis presidentes, escribió libros y artículos, y al final de su vida hizo un resumen de lo que llamó las *Diez reglas para el éxito en la inversión*. Al final de esta sección del libro explicaré dichas reglas.

Regla número uno: no especules a menos de que puedas dedicarte a ello de tiempo completo. Recuerda que toda decisión que tomes será una apuesta contra la decisión de alguien más que estudia la bolsa de valores 40, 50 o 60 horas a la semana.

Regla número dos: ten cuidado con cualquier persona que quiera regalarte información privilegiada o consejos. La manera más común de perder dinero en la bolsa de valores es siguiendo los consejos de gente que no sabe de lo que habla, como conductores de taxi, camareros, barberos o incluso tus compañeros de trabajo más cercanos.

Regla número tres: antes de comprar *securities*, averigua todo lo que puedas respecto a la empresa, su administración y competidores, ganancias y posibilidades de crecimiento. Sé paciente y disciplinado, objetivo y frío. Como ya dije, debes tomarte tiempo para investigar antes de invertir.

Regla número cuatro: no trates de comprar a bajo precio y vender cuando éste alcance la cima. Sólo los mentirosos pueden hacer eso. Cuando compres acciones decide a qué precio las venderás, y cuando lleguen a ese precio no seas codicioso. Con los programas y servicios informáticos para valores que existen hoy en día puedes establecer el precio de venta de una acción y ésta se realizará de manera automática en cuanto la acción llegue a ese punto. De esta manera siempre tendrás una ganancia y no terminarás en bancarrota.

Regla número cinco: aprende a superar tus pérdidas con rapidez y sencillez, no esperes tener la razón siempre. Si cometes un error y ves que las acciones bajan de precio, véndelas y minimiza tus pérdidas lo antes posible.

Regla número seis: no compres *securities* en demasía ni de tipos muy distintos. Es mejor tener sólo unas cuantas inversiones a las que les puedas prestar atención. La diversificación extiende el riesgo, pero también elimina cualquier posibilidad de tener ganancias importantes si una de tus acciones llegara a aumentar de valor rápidamente. Esta regla es para la gente que comercia en la bolsa de valores, no para los neófitos, quienes estarán mucho mejor si se limitan a comprar un fondo indexado y lo conservan durante un periodo interesante.

Regla número siete: reevalúa de manera periódica todas tus inversiones y verifica si los cambios recientes alteraron tus expectativas. Usa el pensamiento de base cero. Siempre que tengas información nueva, pregúntate: "Sabiendo lo que ahora sé, de no haber comprado esta acción o realizado esta inversión hace tiempo, ¿la adquiriría o invertiría en ella de nuevo ahora?" Si la respuesta es no, tómalo como una indicación para vender.

Regla número ocho: analiza tu posición fiscal para saber cuándo puedes vender y obtener las mayores ventajas. Ten cuidado con los impuestos por ganancias de capital aplicables a tus transacciones. Recuerda que lo único que cuenta es la cantidad que tengas tras el pago de impuestos. Deberás familiarizarte a profundidad con los momentos correctos para realizar ventas y compras de valores que tengan como objetivo generar ganancias de capital, así como con las pérdidas de capital.

Regla número nueve: siempre deja una buena parte de tu capital en reserva. Nunca inviertas todos tus fondos. Si reservas una parte de manera permanente estarás en posición de aprovechar oportunidades inesperadas. También tendrás una reserva de emergencias que te servirá de amortiguador sin importar lo que pase en el mercado.

Regla número diez: no trates de dominar todas las inversiones, apégate a lo que conozcas mejor. Eso fue lo que hizo Warren Buffett, nunca invirtió ni en punto-com ni en acciones de internet. "No las entiendo y no sé cómo las valoran", dijo. Cuando se produjo el colapso punto-com y todos perdieron una fortuna, él no perdió ni un centavo. En general, los inversionistas más exitosos son los que eligen una industria en particular y se concentran en aprender todo sobre las empresas de la misma. Elige una industria que te interese para que disfrutes mantenerte al día.

Recuerda que la clave del éxito radica en investigar antes de invertir. Invierte con cuidado, obtén toda la información que necesites. Si planeas ser un inversionista activo, tienes que cuidar tu dinero todo el tiempo, de lo contrario, lo mejor que puedes hacer es comprar un fondo indexado con un costo bajo por administración y capaz de crecer de acuerdo con los movimientos del mercado. Con esas características, podrás dejarlo trabajando y dormir sin preocupaciones por la noche.

Capítulo 8

La ciencia de la protección de la riqueza

Aunque hayas alcanzado el éxito financiero y adquirido un buen nivel de riqueza, deberás seguir trabajando. El método de la ciencia del dinero exige que implementes varias formas de protección de la riqueza para no perder en minutos lo que te tomó años construir.

Piensa en este sistema como una pirámide egipcia. La base deberá ser tan fuerte que ninguna tormenta —ni una en la economía nacional ni una que pudieras provocar tú mismo— dañe tu base financiera. Esta sesión te enseñará los pasos que necesitas tomar para construir tu propia pirámide.

DAN

Brian, comencemos esta sección discutiendo tus propias experiencias al perder dinero, ya sea porque perdiste un cliente importante, porque te demandaron o porque sufriste un fuerte embate en el mercado de valores. ¿Qué lecciones aprendiste? ¿Cómo te convencieron de la importancia de tener un plan adecuado para la protección de la riqueza?

BRIAN

Pasé buena parte de mi vida tratando de alcanzar la libertad financiera, y esto hace que uno desarrolle el *síndrome de caminar sobre el agua*. Es algo muy común y es la razón principal por la que la gente se va por el mal camino más adelante.

La mayor parte del tiempo lo pasamos desarrollando nuestras habilidades, construyendo negocios y acumulando dinero; luego corremos el riesgo de cometer una serie de errores. Esto propicia el *síndrome de caminar sobre el agua*; éste se presenta cuando uno gana mucho dinero porque se volvió sumamente capaz en su área de trabajo durante un periodo extendido. Uno piensa: "Vaya, soy tan bueno que puedo transferir mi conocimiento, habilidad y confianza a otra área, y me irá igual de bien en ella".

Cuando el mercado de bienes raíces tuvo su auge en la década de 2000, alguien se acercó a mí y me dijo: "Hay una oportunidad excelente de construir bodegas personales en estas comunidades, porque son lugares de rápido crecimiento y se llenan como barriles de agua en la primavera, generan un nivel muy elevado de flujo de efectivo, aumentan de valor, y garantizan que todo saldrá bien".

Entonces pensé: "Seguro, ¿por qué no? Me parece una gran idea". Esta persona tenía buenos contactos, trabajó mucho y preparó algunas propuestas financieras. Todo sonaba muy bien, así que empecé a invertir un poco al principio, pero luego invertí más, hasta tener 20 millones de dólares en bodegas personales. No todo el dinero era mío, pero estaba respaldado con otras inversiones que había hecho yo mismo.

Resulta que este individuo nunca había hecho eso antes y que las cifras que proyectó y me mostró eran erróneas, porque no tomaban en cuenta el pago de intereses ni un número enorme de costos esenciales que yo no pude identificar porque no era mi área de especialidad. Terminé construyendo las bodegas y vendiéndolas con pérdidas enormes, perdí muchísimo dinero.

Mi frase favorita en el campo de la protección de la riqueza es: *haz la tarea*. Esto implica investigar con detenimiento todos los detalles de una inversión. Verificar dos veces, pedirle a un experto que le eche un vistazo, hablar con contadores, banqueros y gente de la industria. Evita de manera directa a la persona con la que estás trabajando y pide opiniones externas; si yo hubiera hecho eso, aunque sea un poco, me habría salvado, habría ahorrado una gran cantidad de tiempo, pero sobre todo, de dinero que habría podido guardar y acumular con el paso de los años.

Si quieres conservar tu riqueza y proteger tu salud, sé muy cauteloso con lo que hagas con el dinero una vez que lo obtengas.

Lo mejor es invertir con expertos. El otro día hablé con un hombre que trabaja administrando la riqueza para familias que tienen un valor neto de 25 millones de dólares o más. Estas familias le entregan sus inversiones a él y a su empresa, y él se hace cargo de todos los aspectos de su vida financiera, desde las cuentas de banco hasta las tarjetas de crédito, hipotecas, cuentas de ahorro y préstamos sobre patrimonio inmobiliario. Y naturalmente, de sus inversiones. Como este individuo y su empresa son muy sofisticados, le generan a la familia un retorno sobre inversión de entre 10 y 20%. Sus clientes son cada vez más ricos porque pueden darse el lujo de pagar estos servicios. Este asesor cobra una tarifa por administración que asciende por lo general a 1% del valor de toda la fortuna.

Si la fortuna o las inversiones crecen, el 1% también aumenta. Las inversiones generan retornos muy altos, algo que no podría hacer una persona común. El individuo común tiene que comprender que lo único sencillo en cuanto al dinero es la posibilidad de perderlo. Si vas a acumular dinero, llegará un momento en tu vida, tal vez como a los 50 años, que tendrás que bajar la velocidad.

Cuando eres joven puedes correr muchos riesgos, puedes trabajar duro y ser agresivo, pero a los 50 empezarás a desacelerar y a ser más cauteloso. Recuerda la regla: no pierdas dinero. Si existe la menor posibilidad de perder, detente y piensa: "Un momento, ¿puedo darme el lujo de perder todo este dinero?" Si la respuesta es no, no lo hagas.

DAN

¿Te parece cierto que entre más exitoso eres en el aspecto financiero y en todos los demás, más te vuelves blanco de demandas, tratos de negocios que resultan un fracaso y ese tipo de situaciones? ¿Por qué sí o por qué no?

BRIAN

Un problema que tenemos en Estados Unidos hoy en día es que hay demasiados abogados y muy poco trabajo para ellos, por eso hay algunos que quieren generar actividad, así que salen y se dedican a demandar gente. Son peores que ciertos estafadores que venden carros usados, son lo peor que encontrarás en el fondo del basurero.

Como estos abogados son tan poderosos en el Congreso y en las legislaturas estatales, han aprobado leyes que les permiten demandar sin base alguna. Por esta razón, si tienes dinero, lo más seguro es que alguien te demande. Un amigo mío, que es muy rico, dice: "Si tienes dinero, te van a demandar cuatro veces". Así que respira hondo y reconoce que si tienes algo que les interese a otros, van a tratar de apropiarse de ello y, además, cobrar honorarios por su trabajo.

Otra situación que descubrí es que si alguien te demanda tienes que defenderte. Podría costarte 75 mil o 100 mil dólares, pero si te demandan debes defenderte, porque, si no, cualquiera podría hacer un juicio sumario en tu contra y te declararán culpable. Si quieres luchar tienes que presentarte a testificar en todas las ocasiones, contratar abogados y citar a tus testigos. Deberás hacer todo lo que forme parte del proceso.

Si no haces todo lo anterior, no tendrás una defensa sólida. Cualquier persona puede pagar 250 dólares para demandarte. Tuve esta experiencia: unas personas me demandaron sólo porque podían hacerlo y lo hicieron con base en información fraudulenta; fue culpa de unos abogados hambrientos. De hecho, me enteré de que quien me demandó fue un abogado del tipo que contratarías si decidieras hacerle daño a alguien. Sólo tiene que llenar una forma, poner el nombre del demandante, tu nombre en la parte superior y el suyo en la parte inferior, luego realiza el pago de 250 dólares para levantar la demanda. A partir de ese momento tienes que contratar un abogado y defenderte.

Hace muchos años aprendí algo de un hombre muy exitoso: "Coloca todos tus activos en un fideicomiso familiar limitado —me dijo—, y configúralo de tal manera que le pertenezca a tu familia, pero que el control total esté en tus manos". Necesitas guardar tu dinero en un lugar en el que nadie pueda tocarlo. Si lo colocas en un fideicomiso familiar limitado y alguien trata de demandarte, lo primero que harán los abogados será ver cuánto tienes. En cuanto averigüen que está en un fideicomiso de este tipo se irán porque saben que no pueden tocarlo.

Digamos que hay un fallo de un millón de dólares en tu contra. Si controlas un fideicomiso familiar limitado puedes decir: "De acuerdo, tienen una sentencia, pero yo puedo decidir la manera en que será pagado el dinero. En nuestro fideicomiso familiar limitado decidimos por voto de la mayoría que le pagaremos 10 dólares al año hasta saldar la deuda". Los abogados saben que puedes hacer eso, así que ni siquiera te demandarán para empezar; se irán a casa. Es una táctica infalible porque vivimos en una sociedad muy contenciosa y hay muchos abogados desesperados por obtener cualquier tipo de ingresos. Si creen que pueden sacarte dinero, te demandarán por cualquier minucia.

Es muy importante que te protejas a ti mismo, que guardes tus activos en fondos familiares limitados. Tus abogados y contadores pueden mostrarte qué hacer con exactitud.

DAN

Hay muchas herramientas para protegerse uno mismo y a su familia. Empecemos hablando de algunas de ellas. La primera son los seguros. ¿Qué tipos de seguros debe tener la gente? ¿Cuáles son las reglas generales para adquirirlos? Los seguros de vida, por ejemplo. Los estudios muestran que a la mayoría de la gente le convienen más los seguros de vida a término que los integrales. Por favor danos otras ideas respecto a seguros de automóviles, para el hogar e incluso en caso de discapacidad. Ahora que la gente vive más años, muchos hablan de este tema: ¿tú considerarías adquirir un seguro de cuidados médicos a largo plazo?

BRIAN

Creo que a lo largo de tu vida laboral debes contar con un seguro de vida, sólo un seguro a término que te permita comprar lo más posible al menor precio. No debes tener seguro acumulativo ni integral porque eso es más bien lo que llaman *ahorros forzosos*. La mayoría del dinero por los primeros tres o cinco años de una póliza integral se convierten directamente en la comisión del agente.

Hoy en día la mayoría de la gente usa la frase: "Compre a término e invierta la diferencia". Puedes obtener un retorno mucho más atractivo si sólo compras a término y el resto del dinero que ibas a pagar lo usas para un fondo indexado. Tus retornos serán mucho más abundantes.

No obstante, debes tener un seguro suficiente y adecuado para proteger a tu familia en caso de que llegues a faltar. Un buen amigo mío que es un excelente agente de seguros me dijo que el propósito de un seguro de vida es garantizar tus sueños. Si tu sueño es que tu cónyuge tenga lo necesario y que tus hijos puedan continuar estudiando incluso si algo te sucediera, tienes que comprar un seguro que lo cubra.

Tienes que calcular cuánto se necesitaría para proveerle lo necesario a tu cónyuge por el resto de su vida si algo te sucediera. La mayoría de los hombres piensan así, pero mi amigo me dijo que deberías hacer lo necesario para llegar al punto en que no necesites seguros de vida porque habrás acumulado lo suficiente para proteger a tu pareja.

A medida que vas envejeciendo, el costo de los seguros sube de una manera escandalosa. Si compras un seguro de vida por un millón de dólares y tienes 70 años, es probable que tengas que pagar 500 mil dólares al año. Es demasiado costoso, así que no tiene caso. Tu objetivo debe ser acumular suficiente dinero y luego guardarlo para que nadie pueda tocarlo, ni acreedores ni gente que te pueda demandar. No puede ser tocado por ninguna razón, sólo así tendrás lo necesario para cumplir tus sueños.

DAN

¿Qué piensas respecto a los seguros para discapacidad?

BRIAN

No es un seguro que yo haya adquirido. A las compañías de seguros les encanta venderlo porque reciben comisiones enormes para los agentes, pero creo que si te aseguras de la manera correcta a través de un seguro médico y una capa general de otros tipos de seguros, estarás cubierto en caso de discapacidad.

En realidad no sé lo suficiente respecto a este tema. Sólo sé que los agentes de seguros son muy agresivos al ofrecer los seguros de discapacidad porque es una venta que les produce ganancias importantes, en especial porque cada vez menos gente compra seguros integrales. La mayoría compra a término y las comisiones por estas pólizas son muy bajas.

DAN

Brian, ¿qué piensas respecto a los seguros de cuidados médicos a largo plazo para cuando envejezcamos?

BRIAN

Tal vez sean buena idea por dos razones. Quizá tus hijos no puedan cuidar de ti. Asegurarte de vivir en un lugar agradable el resto de tu vida es algo muy sensato. Debido a que los seguros de cuidados médicos a largo plazo se basan en lo mucho que crees que vivirás a partir de que ingreses al lugar donde te los proveerán, cuanto más pronto comiences a pagar, mejores tarifas obtendrás. Después de todo, el objetivo de los proveedores es producir ganancias. Por todo esto, investiga a fondo. Ve las opciones y pide la opinión de gente que respetes. Los asesores financieros e incluso un buen agente de seguros te dirán lo que te conviene y lo que no.

Con el seguro de discapacidad es lo mismo. Hay algunas pólizas que tienen deducibles bajos, pero son muy costosas. Otras tienen deducibles altos, pero son mucho más económicas. Como las pólizas de colisión para tu automóvil. Si tienes un deducible de mil dólares, el seguro pagará mucho menos que si el deducible es de 250 o 500 dólares.

Un agente de seguros honesto puede asesorarte respecto a todo esto. Anteriormente mencioné que durante 28 años he trabajado con uno que analiza todas nuestras necesidades, las propuestas recibidas, y toma decisiones desde nuestra perspectiva para elegir lo que más conviene de acuerdo con nuestra situación. Es como decidir qué vitaminas deberías tomar, qué tipo de régimen de ejercicio necesitas. Todo depende de ti y de tu situación, de si eres hombre o mujer, de cuánto ganas, cuánto has ahorrado. Un experto puede ayudarte a decidir tomando en cuenta todos estos factores.

DAN

Otra herramienta para protegerte a ti y a tu familia es el testamento. Háblanos de su importancia.

BRIAN

Tener un testamento es esencial. Mi esposa y yo tenemos uno. Antes teníamos otro, pero los albaceas cambiaron, nuestros hijos crecieron, se mudaron, se casaron y tuvieron hijos. En resumen, la vida cambió. Queríamos asegurarnos de que nuestra situación financiera se simplificara. Entramos al sitio de internet de LegalZoom y descargamos un testamento muy sencillo, sólo para cubrirnos. Llenamos la forma, le dimos copias a nuestro contador y a nuestros hijos mayores. Fue muy sencillo, claro y sin dificultades.

Ahora queremos redactar un testamento más detallado, por lo que visitaremos a un abogado estatal y le pediremos que nos guíe a través de todo el proceso, ya que la ley estatal varía todo el tiempo. El gobierno puede venir y tomar más de 50% de tu valor neto acumulado. A menos de que hagas previsiones, pueden tomarlo antes de que haya alguna disposición o cualquier otro impedimento. Necesitas un abogado que esté al corriente, hasta el último mes, con las previsiones más recientes para protegerte de impuestos ocultos.

Lo último que quieres es que una herencia destruya a tu familia. Dicen que no hay nada mejor para ello. Es algo que he visto de cerca y de manera personal. Varios hermanos se llevan bien hasta que uno de los padres muere, deja algo de dinero y tiene que repartirse. Los niños ahora son adultos, tienen 30, 40 o 50 y tantos años, y se vuelven contra los otros como perros peleando por trozos de carne. Una herencia puede destruir a toda la familia.

Lo que el padre puede hacer para evitarlo es ser muy precavido. Antes de morir, mi madre tomó absolutamente todo lo que poseía y calculó su valor, todo: cada mueble, joya, pieza de porcelana, obra de arte. Luego lo repartió entre sus cuatro hijos y eligió como albacea a mi tercer hermano, que es abogado. Cuando falleció, nos sentamos e hicimos la adjudicación del testamento. Todo se entregó, ya sea en papel o físicamente. Luego los cuatro, que ya éramos adultos, pudimos intercambiar los artículos o hacer trueque con los otros. Gracias a que mi madre pensó las cosas con detenimiento, nunca hubo discusión ni distanciamiento.

Ella no quería que peleáramos por esto o aquello; es algo muy importante que puedes hacer cuando eres padre o madre.

Hay que comenzar cuando tienes unos 60 o 65 años. Los aviones se estrellan en las montañas y los automóviles chocan: debes proteger a tu familia y asegurarte de que todo lo que has acumulado se maneje de la manera adecuada.

Otro tema muy controvertido en la actualidad es el del *término de la vida*. Cuando cumplas 65 o 70 años deberías iniciar esta discusión. A tus hijos no les gustará porque no quieren pensar que podrías morir, pero puedes comenzar diciendo: "No estaremos aquí para siempre, si algo llegara a sucederme a mí, o a su padre / madre, o a ambos, hay algunas cosas que deberían considerar".

Empieza a hablar del tema para que no sea algo que tu familia sólo trate de manera superficial o marginal; es un tema abierto, un suceso normal y natural de la vida. Si haces esto, incluso cuando no estén hablando sobre el tema, tus hijos, como los míos, podrán preguntarte: "¿Cuando fallezcas me puedo quedar con tal objeto?"

Digamos que una hija quiere algo que significa mucho para ella, el hijo quiere otra cosa, y un tercer hijo quiere algo más. Es bueno hablar al respecto. Saber que planeaste de manera adecuada los escenarios te dará gran tranquilidad y paz.

DAN

En el caso de los empleados, lo más importante es proteger el flujo de ingresos. ¿Qué pueden hacer para que éste no se vea interrumpido? Y en caso de que eso llegara a suceder, ¿qué pueden hacer para que la interrupción no los destruya económicamente?

BRIAN

No tengo idea de cómo un empleado que se gana la vida con un trabajo y lo pierde pueda protegerse de la pérdida de sus ingresos. Lo único que se me ocurre es que empiece pronto a acumular ahorros y a formar una reserva de entre dos y seis meses o más, la cual sea equivalente a sus ingresos mensuales.

No hay ninguna póliza de seguros empresarial, ni ninguna otra manera en que alguien pueda protegerse, lo único que le queda es aceptar su responsabilidad personal y decir: "Si algo malo me sucediera, si quedara discapacitado por algún tiempo, tengo esta cantidad de dinero guardada para sobrevivir, y entre más meses dure, mejor". Uno de los tipos de seguros por discapacidad que puedes obtener es el llamado *seguro por pérdida de ingresos*. Puedes decirte: "Necesito equis cantidad de dólares al mes", y comprar una póliza por esa cantidad en caso de que pierdas tu empleo. No obstante, esta póliza no es válida sino entre seis y 12 meses después de contratarla, porque los aseguradores no quieren devolverte el dinero. Tienes que estar discapacitado o imposibilitado para trabajar durante un periodo prolongado, quedarte desempleado o en una situación similar, y sólo hasta que haya pasado ese periodo comenzarán a pagarte, porque, gracias a las estadísticas, saben que lo más probable es que vuelvas al trabajo antes de que llegue ese momento.

DAN

¿Cuáles son los distintos tipos de incorporación que pueden elegir los dueños de empresas? Sé que existe la configuración de dueño único, la corporación de responsabilidad limitada (LLC, por sus siglas en inglés), la corporación S. ¿Qué formas de protección ofrecen? ¿Qué tipo elegir cuando se echa a andar un nuevo negocio? ¿Tienes otras sugerencias para que los dueños de negocios puedan proteger su riqueza?

BRIAN

Tú o yo podríamos establecer una empresa de único dueño en este momento. Podríamos ponerle nuestro nombre y comenzar a trabajar. La configuración de dueño único significa que todo lo que pongamos en la empresa será una inversión y todo lo que saquemos de ella será susceptible de generar impuestos. Es como una empresa *Flow-through* completa, es decir, una entidad legal de negocios que deja que todos los ingresos fluyan hacia los dueños o inversionistas.

La corporación S es lo mismo, sin embargo, en este caso puedes incurrir en deuda y solicitar préstamos bancarios. Puedes contratar personal, rentar oficinas y dirigir la corporación como si fuera una enorme empresa, y de todas formas los ingresos netos anuales serán para los dueños. Yo tengo una corporación S.

Supongamos que eres dueño de 50% de la empresa y que otras dos personas tienen los 25 y 25% restantes. Si la empresa gana 100 mil dólares, ese dinero fluirá directo a tu ingreso gravable y, por lo tanto, deberás pagar impuestos por él.

La corporación C es distinta: puedes acumular dinero en la empresa, pero tienes que pagar impuestos corporativos. Digamos que ganas 100 mil dólares, pero como los impuestos corporativos en Estados Unidos son los más elevados en el mundo desarrollado, tendrás que pagar una tasa de 39.5%, así que sólo te quedarán 60 500 para la empresa.

Si pagas ese dinero como dividendos a tus accionistas, tendrás que pagar sus impuestos a sus tasas correspondientes; en el estado de California asciende a 63%, es decir, puede llegar a ser una cantidad enorme. Sin embargo, también podrías dejar el dinero en la empresa, que es lo que hacen corporaciones como Apple. Pagan impuestos y dejan 200 millones de dólares en la cuenta bancaria con los que pueden hacer cualquier cosa que deseen.

La corporación C es conveniente si quieres vender acciones. Tendrás una gran cantidad de accionistas y también habrá gente que invertirá y tendrá derecho a una parte de tu empresa. Obviamente, esperarás que el valor de las acciones incremente. La corporación C es adecuada si tienes una empresa grande.

El inconveniente de la corporación C es que si inviertes dinero en ella lo pierdes, no puedes deducirlo contra impuestos. En cambio, en una corporación de dueño único, en una LLC o en una corporación S, ese dinero puede deducirse como pérdida. El gobierno te permite deducir lo que gastas anticipando una ganancia, la diferencia es que, en el caso de la corporación C, ese dinero es considerado inversión. Si la corporación C colapsa, pierdes todo lo que invertiste en ella y no puedes deducirlo. La LLC es una corporación de responsabilidad limitada; es similar a la corporación de dueño único o a la corporación S. En una LLC dos, tres o más personas se reúnen y cada una contribuye con una cantidad, pero todos los ingresos pueden sacarse como inversiones, fluyen hacia quienes contribuyeron, y son deducibles de impuestos.

DAN

Brian, estoy por iniciar un negocio, por favor enséñame a elegir entre los tres tipos de registro: dueño único, LLC y corporación S. ¿Qué tipo de protección legal ofrecen?

BRIAN

No creo que haya mucha diferencia entre estas tres opciones, en realidad es algo muy sutil. Una LLC tiene, quizá, maneras discretas de acumular capital, en tanto que la corporación de dueño único se refiere a un individuo que opera por cuenta propia, y no creo que ofrezca verdaderas ventajas fiscales, porque con el sistema actual es muy difícil evitar los impuestos. Hay 84 mil páginas de textos con letras pequeñas redactados para captar dinero de tu parte en todo momento a través de la recaudación fiscal. Es casi imposible evitar pagar impuestos.

Te reitero que lo único realmente distinto es la corporación C, en la que inviertes el dinero, pero no puedes sacarlo. Podrías perderlo todo. En las otras tres configuraciones, en cambio, si inviertes se toma en cuenta como un costo por operar y puede ser deducido contra cualquier pérdida en tus ingresos actuales.

Capítulo 9

La ciencia del dinero y la felicidad

Nuestro análisis no estaría completo si no habláramos sobre el controvertido tema del dinero y la felicidad. Después de todo, ¿qué beneficio hay en recibir ingresos elevados y en generar riqueza abundante si los miembros de tu familia no son felices ni se sienten plenos? En esta sesión, Brian hablará de las investigaciones contradictorias sobre este tema. También te dirá cómo asegurarte de que tu felicidad personal aumente con la misma velocidad que tu cuenta bancaria.

DAN

Brian, comencemos por describir la manera en que se relacionan el dinero y la felicidad. En primer lugar, discutamos las investigaciones más recientes que muestran que a cierto nivel de la clase media, tener más dinero provoca más felicidad, cuando los ingresos alcanzan los 50 mil dólares al año por hogar en promedio. Más allá de ese punto, el dinero adicional no muestra una correlación adecuada con la felicidad. ¿Qué piensas de estas estadísticas? ¿Coinciden con la experiencia que tuviste al dejar de ganar ingresos bajos y empezar a crear una gran riqueza?

BRIAN

Uno de los grandes descubrimientos es que la gente tiende a compararse con otros. Es lógico: nadie es ni rico ni pobre, excepto al compararse con las otras personas de su comunidad.

Leon Festinger, de Harvard, le llama a esto *teoría de la comparación social*: vemos a la gente que nos rodea y nos comparamos con ella. Hace poco hicieron un experimento en el que a ciertas personas de una comunidad rural pobre y pequeña les dieron una gran cantidad de dinero. Ahora eran gente más adinerada que sus vecinos, por lo que éstos de inmediato sintieron envidia y resentimiento. Los elegidos habían estado todo el tiempo al mismo nivel que los otros, pero de pronto tuvieron más dinero y pudieron comprar cosas mejores y tener un estilo de vida más acomodado. Esto enfureció a los otros, pero con el paso del tiempo las cosas se calmaron y la gente volvió a sentirse igual que antes.

Los investigadores también descubrieron que cuando la gente gana más dinero se compara hacia arriba. Recuerdo que en la década de 1960, cuanto empecé a trabajar, mi meta original era llegar a los 100 mil dólares. Pensaba que si llegaba a tener 100 mil dólares, que por supuesto en aquel entonces valían muchísimo más, triunfaría de verdad. Sin embargo, luego empecé a conocer a otras personas que valían mucho más. Después me involucré en las ventas de inversión y muchos invirtieron 100 mil o 250 mil dólares conmigo en fondos que valían millones de dólares.

Entonces empecé a cobrar conciencia de que había gente que vivía en casas de un millón de dólares y que tenía ingresos millonarios, así que, con el paso del tiempo, empecé a elevar mis estándares y mis aspiraciones de manera inconsciente. Y todo porque vi que había personas que ganaban más que yo. Uno siempre se fija en quienes están uno o dos pasos adelante, se compara con ellos y se siente insatisfecho. Sin embargo, no presté atención a multimillonarios como Warren Buffett.

En resumen, nos comparamos hacia arriba. Cuando la gente gana su primer millón de dólares se siente feliz, pero luego empieza a pensar en dos millones, después mira hacia arriba y ve a quienes ya tienen esos dos millones. Los consiguen y empiezan a fijarse en quienes tienen cinco millones. Al llegar a los cinco millones se fijan en quienes ya ganaron 10, y luego en quienes han ganado 20.

La gente siempre lucha por seguir ascendiendo, lo cual me parece muy sano, le llamo *descontento divino*. Uno se esfuerza. Los psicólogos han descubierto que tu nivel de felicidad o satisfacción muestra una proporción directa entre el nivel en que te encuentras y el lugar donde deseaste o pensaste que estarías al llegar a esta etapa de tu vida.

Lo interesante es que la mayoría de los suicidios tiene lugar entre la gente en el espectro de los 48 a los 52 años, y que los afectados son hombres principalmente. Esto se debe a que se dan cuenta de que nunca van a alcanzar sus ambiciosas metas financieras. No van a ser millonarios ni van a ser dueños de una empresa, tampoco serán presidentes de una corporación. Por alguna razón, de pronto comprenden que sus aspiraciones nunca se realizarán y se frustran, un día llegan a casa y se pegan un tiro porque están profundamente desilusionados. Llevan años engañándose a sí mismos, creyendo que un milagro sucedería y que de pronto darían un salto cuántico a otra realidad.

Es la filosofía del boleto de lotería: puedo cometer errores toda mi vida, pero un premio me salvará tras una vida en la que no trabajé, no mejoré mis habilidades, no llegué temprano a la oficina y no realicé un buen trabajo. De alguna manera me voy a salvar.

En Las Vegas sucede lo mismo. Es asombrosa la cantidad de personas que viajan ahí y apuestan el dinero que tienen para comprar sus alimentos con la esperanza de que les salgan las cartas correctas, que la ruleta gire, que las máquinas tragamonedas les escupan dinero y algo les permita compensar años de pereza.

Otro aspecto que hay que recordar es que el dinero no te hace feliz. Lo que te da la felicidad es el sentimiento de ser competente en tu campo de trabajo, de poder generar grandes cantidades de dinero, de proveerle a tu familia lo necesario, eso es lo que te hace feliz. La sensación de estar aprovechando cada vez más tu potencial y de poder medirlo con la cantidad de dinero que ganas.

La gente rica te dirá que, hasta cierto punto, el dinero es sólo una manera de medir tu capacidad para cubrir el costo de tu vida. Primero te esfuerzas, y luego, al llegar a cierto punto, te aferras a la mayor cantidad posible. Esto lo haces tratando de pagar la menor cantidad de impuestos posible, protegiendo tu dinero, conservándolo y haciendo lo necesario para no dejarlo ir. Pero el dinero en sí no es lo valioso, es sólo una manera de medir otras situaciones.

Te puedo asegurar que Warren Buffett no trabaja por dinero, lo hace por el placer que siente al trabajar. El dinero sólo es una manera de evaluar lo bien que le va. Si eres asesor de inversión, tener dinero, es decir, saber qué tan bien asesoras a tus clientes, te permite medir bien tu trabajo porque también te indica cuán bien te está yendo a ti.

Por todo esto, el dinero es el parámetro que nos permite compararnos con nosotros mismos.

DAN

En tu opinión, ¿cuál es el mayor malentendido respecto a la manera en que se relacionan el dinero y la riqueza con la felicidad?

BRIAN

En una ocasión Abraham Lincoln dijo que una persona es tan feliz como decide serlo. Cada persona tiene un nivel particular de felicidad, es una especie de termostato que se queda fijo en cierto nivel al que la gente siempre regresa.

Si alguien gana la lotería, su felicidad puede dispararse y mantenerse alta durante algún tiempo, pero luego volverá al nivel en que se encontraba antes. La mayoría de las personas que gastan su dinero en un boleto de lotería no se sienten satisfechas con su vida, por eso los compran. Si ganan, son felices por un tiempo, no caben en sí al saberse poseedoras de tanto dinero. Luego, sin embargo, en cuestión de dos años la fortuna se les escapa por entre los dedos y vuelven a sentirse tan infelices como antes de haberla ganado. El dinero no les cambia la vida.

Otras personas tal vez se sienten felices hasta que, de pronto, pierden ambas piernas en un accidente. Entonces atraviesan el trauma de esta pérdida y de tener que pasar el resto de su vida en una silla de ruedas. Sin embargo, entre seis y 12 meses después, vuelven a ser tan felices como antes del accidente y se sienten contentas de nuevo. Digamos que la gente tiene un nivel de felicidad al que siempre vuelve.

El objetivo es trabajar en ti mismo y aumentar ese nivel para que seas feliz la mayor parte del tiempo. Esto exige objetivos, trabajo arduo, volverte bueno en lo que haces, tener buenas relaciones con los demás y estar sano, entre muchas cosas.

Es una decisión que tomas y que tiene mucho que ver con la manera en que te criaron, con tu nivel de confianza y con el concepto que tienes de ti mismo. También tiene que ver con muchos otros aspectos que no son controlables a corto plazo, pero a largo plazo sí porque siempre puedes hacer algo respecto a tu personalidad; puedes aumentar tu confianza en ti mismo y tu autoestima.

En general, la gente se encuentra en cierto nivel de felicidad. Me doy cuenta al ver a mis cuatro hijos, a quienes criamos sin criticarlos negativamente, infundiéndoles una fuerte autoestima, con muchos halagos y motivación, y validando de manera continua lo que hacían. Ahora son felices todo el tiempo. En cualquier lugar, en cualquier momento, en cualquier circunstancia; no importa cuán estresados estén, en general son optimistas y alegres. Esto quiere decir que la manera en que los criamos en verdad marcó la diferencia.

Ahora bien, si la gente tiene cierto estilo de vida y de pronto sus ingresos disminuyen y no puede continuar viviendo de la misma manera, lo más probable es que se sienta muy infeliz. La disparidad entre el lugar en el que creen que deberían estar y en el que se encuentran les provoca enojo y frustración.

Lo que sucede es esto: cada persona tiene un concepto personal de su nivel de ingresos; si un día están 10% por encima de ese nivel, comenzarán a mostrar lo que se llama *comportamiento despilfarrador*. Empezarán a apostar su dinero, a gastarlo, a irse de vacaciones y a deshacerse de lo que tienen de alguna manera. Si, por el contrario, empiezan a ganar 10% menos del concepto personal que tienen sobre su nivel de ingresos, empezarán a dar batalla: trabajarán más duro y más tiempo, y mejorarán sus habilidades para volver a su zona de confort.

Por otra parte, la gente elige su empleo y sus ocupaciones de acuerdo con la forma en que le gusta recibir dinero, y hay dos tipos principales. El primero es de manera constante, confiable y consistente, una vez a la semana, cada 15 días, una vez al mes, etcétera. Si te agrada la seguridad, la estabilidad, tener un ingreso sólido y no recibir sorpresas ni vivir dramas, elegirás un empleo que te proporcione esto. Éste es el estilo de casi toda la gente que trabaja en la actualidad. La mayoría prefiere tener un salario seguro y constante en lugar de ingresos fluctuantes.

La otra forma de recibir el dinero es poco a poco, que es lo que hacen los empresarios. Los empresarios trabajan durante seis o siete meses en la creación de un negocio, en la puesta en marcha de una empresa y en su desarrollo. Tendrán grandes picos de ingresos, y estarán bastante contentos con eso.

En su libro *The Affluent Society*, Tom Stanley dice que el mejor momento para acercarse a la gente adinerada es cuando sus ingresos aumentan. Si vendes servicios financieros o bienes raíces, no tiene caso hablar con alguien cuando es temporada baja, es decir, cuando sus negocios no van bien. Si le preguntas cuándo aumentan usualmente sus ingresos, tal vez te diga:

"Mis ganancias llegan en los últimos tres meses del año", entonces deberás buscarlos en enero, cuando su cuenta bancaria haya aumentado. En ese momento la gente es más abierta a la idea de invertir, comprar o adquirir cualquier bien.

Regresemos al tema de la recepción: ¿a ti cómo te gusta obtener dinero? También tienes que pensar en tus aspiraciones. Por ejemplo, si creciste en una familia muy acomodada, aspirarás a duplicar ese nivel de ingresos cuando seas adulto, porque digamos que estarás programado para ello. Estarás programado para esforzarte, mejorar tus habilidades, trabajar con más ahínco y nunca sentirte satisfecho con un estilo de vida más bajo del que conociste de niño. Por eso muchas personas que provienen de hogares de empresarios tienen empresas cuando crecen: ésa es su visión de la vida, es el concepto que tienen de sí mismos.

DAN

Me parece que fue Earl Nightingale quien dijo que volverte rico no acaba con tus problemas, sólo te crea una serie de dificultades distintas con las que tendrás que lidiar. Tomando esto en cuenta, es obvio que la riqueza traerá consigo algunos desafíos u obstáculos, y si no sabes enfrentarlos, te sentirás infeliz o incluso desesperado. Háblanos de los obstáculos que has investigado o enfrentado tú mismo, y dinos la manera en que la gente puede evitarlos o manejarlos. Se me ocurre que ser rico te deja menos tiempo libre; menos tiempo con tu familia; con probabilidades más elevadas de divorciarte, en especial en el caso de los empresarios; con niveles más elevados de estrés, una situación más compleja debido a la cantidad de bienes que posees, más responsabilidad, etcétera.

BRIAN

El gran psicólogo Abraham Maslow dijo que tenemos dos tipos de necesidades. Las primeras son la *necesidades de deficiencia*, es decir, cuando buscamos satisfacer nuestras deficiencias, como las de seguridad y pertenencia. Las segundas son las *necesidades del ser*, o sea, todo lo que necesitamos para desarrollar nuestro potencial. Estas últimas tienen que ver con la autoestima y la realización personal.

Maslow dijo que 98% de la gente tiene necesidades de deficiencia, por lo que todo el tiempo se esfuerza por compensar sus sentimientos de inferioridad, la sensación de no pertenencia, la frustración y la infelicidad. Muchos creen que si alcanzan el bienestar financiero podrán compensar el dolor y la sensación de enojo e inseguridad que los inunda, y luego se asombran cuando descubren que eso no es posible.

Hace algunos años empecé a enseñar algo que se puede resumir en una oración muy sencilla: lo material no te da la felicidad. Así es, la felicidad proviene de las relaciones, de tu interacción con las demás personas. Tal vez te sientas feliz al asistir a un evento deportivo, escalar una montaña o algo así, pero lo material no te brinda felicidad.

Un hombre puede ahorrar dinero, tener un año increíble, salir y regresar a casa manejando un Rolls-Royce Silver Cloud de 350 mil dólares. Luego puede estacionarse en el acceso vehicular, entrar a casa… y encontrar a su esposa furiosa porque lleva dos horas esperando su llamada y no sabe qué preparar de cenar. De pronto se encuentra en medio de una discusión con ella y se olvida de que el automóvil existe siquiera. Dicho de otra forma, el bien material desaparece de la pantalla del radar de lo que te hace feliz o infeliz.

Otro aspecto importante de la gente exitosa es el optimismo. Los fundadores de las empresas más exitosas y de mayor crecimiento son optimistas, es algo que no deja de intrigar a los investigadores. La gente exitosa tiene niveles de optimismo fuera de serie, es sumamente positiva respecto a sí misma y a sus empresas.

Ahora vuelve un poco atrás y pregúntate: "¿Por qué fundaron sus empresas?" La respuesta es porque les encantaba el producto. Ahora pasan todo el día produciéndolo, vendiéndolo, haciéndole publicidad, entregándolo y viendo los resultados. Todo esto los hace muy felices. Estos empresarios trabajan con más ganas y durante más tiempo, pero les encanta dedicarse a esto, les gusta tanto que alejarlos de su trabajo es como privarlos de algo, como castigarlos.

Mi socio Eric y yo bromeamos respecto a cuánto nos agrada trabajar. De hecho, necesitamos aplicar la disciplina para no trabajar tanto. Si no lo hiciéramos, trabajaríamos todo el día, toda la noche y los fines de semana. Nos encanta. Si quieres ser exitoso tendrás que decidir de manera deliberada que vas a tomarte un descanso. Tendrás que programarlo. Además, tienes que ser muy insistente respecto a no hacer nada durante el tiempo que tomes para descansar, al menos hasta que te acostumbres a hacerlo. Pasa tiempo con tu familia, invierte tiempo en tu salud, sal a caminar, ve televisión, haz ejercicio, lo que sea. Sólo asegúrate de descansar todo el tiempo que hayas programado para ello. Te costará trabajo, pero después te sentirás bien.

Hay otra cosa importante que suelo enseñar respecto a la productividad. Terminar una tarea te da energía, entusiasmo y le ayuda a tu autoestima. Los humanos estamos diseñados para sentirnos felices cuando somos productivos y obtenemos resultados. Si hacemos esto en nuestro negocio, nos sentimos contentos. Si ganamos dinero, si vendemos productos, si avanzamos y nuestra empresa prospera, si los clientes están satisfechos y cada vez tenemos más, y cada vez vendemos más, nos sentimos contentos todo el tiempo, sentimos como si nos inyectaran felicidad.

Si organizas bien tu tiempo, si planeas tus días y trabajas en tus tareas más importantes, y sobre todo, si las completas, sentirás que tu cerebro libera endorfinas que te hacen feliz. Esto te provee energía, te hace más agradable, aumenta tu creatividad y fortalece tu sistema inmunitario. Muchas de las personas que se dedican a lo que aman, que lo hacen muy bien, y que siempre terminan sus tareas, prácticamente se están inyectando felicidad de manera constante.

Algunos dicen: "Fulano es exitoso, pero no es feliz". Permíteme decirte que hemos hecho investigaciones y descubierto que las personas exitosas y ricas son muy felices. Sólo tienen problemas de un nivel económico más elevado. Tienen que preguntarse, por ejemplo: "¿A qué restaurante de cinco estrellas vamos? ¿Ordenamos filete miñón o langosta australiana? Cuando vayamos a París, ¿nos hospedamos en el George V o en otro hotel de primera clase que también cueste una escandalosa fortuna? ¿Viajamos en primera clase o en *business*?" Estas personas tienen problemas distintos, pero son felices porque son libres. Tienen la libertad de elegir y pueden decir: "Voy a comprarme esto o aquello porque tengo libertad absoluta para elegir. Tengo suficiente dinero, no tengo que privarme de nada".

Ahora te diré algo más respecto a los millonarios que se hicieron solos, que forjaron sus propias fortunas. Cuando un hombre empieza a hacer mucho dinero con su negocio o de alguna otra forma, sus gastos personales siguen siendo los mismos. Sigue usando la misma ropa y los mismos zapatos, se mantiene en el mismo nivel. Luego aumentan un poco sus gastos y hasta ahí llega. Sin embargo, la cantidad que gasta en su esposa y en sus hijos aumenta de manera dramática. ¿Por qué? Porque a los hombres los hace increíblemente felices proveer lo necesario a su familia. Llegan a cierto nivel en el que un par de zapatos basta, un par de trajes les parece suficiente. Los hombres pueden usar los mismos trajes siempre, sólo necesitan cambiar la camisa o la corbata para verse mejor vestidos. A las mujeres, en cambio, les gusta tener 50 pares de zapatos y un armario lleno de vestidos.

Existe una relación directa entre el éxito y la felicidad: es algo que tiene que ver con la libertad, con hacer lo que amas, hacerlo bien, sentirte reconocido y, claro, ver tu calificación. Al decir "tu calificación" me refiero al dinero que ganas. Puedes decir: "Vaya, nos está yendo muy bien, tuvimos una gran semana, mes o año. Tuvimos mucho éxito", porque el éxito hace feliz a la gente.

DAN

Esto me hace pensar de nuevo en la noción de proveerles lo necesario a tus hijos. Espero que todos los lectores les regalen a sus niños este libro para que ellos también puedan aprender las lecciones y comenzar su vida financiera con el pie derecho.

Si eres una persona que ha trabajado duro, que ha ganado mucho dinero, y que enfrentó desafíos y tribulaciones para llegar adonde se encuentra, seguramente tus hijos viven en un hogar con cierto nivel de lujo. Dinos, Brian, la gente que ha alcanzado el éxito financiero, ¿qué conceptos puede usar para educar a sus hijos y transmitirles sus valores y ética laboral?

BRIAN

Es una excelente pregunta. Lo que estas personas descubrieron es que cuanto más pronto puedan sus hijos relacionar el esfuerzo con la recompensa, en especial las recompensas financieras, más probable es que desarrollen un espíritu empresarial. Lo que yo hice con mis hijos fue darles una mesada, pero pidiéndoles que hicieran algo a cambio. No sólo les regalé el dinero.

Algunas personas dicen que a los niños hay que darles su mesada sin pedirles nada a cambio, pero eso es maleducarlos. Lo que debes hacer es decirles: "Tienes que hacer esto y aquello, tienes que limpiar tu habitación, guardar tus cosas y salir a tirar la basura. Y entonces te daré tu mesada". De esa manera tus hijos empezarán a relacionar la noción de empezar y terminar una tarea con obtener una recompensa.

Nosotros vivimos en la zona del campo de golf de un agradable club campestre. Junto a nuestra casa hay una marcada pendiente a la que los golfistas lanzan constantemente sus pelotas. Cuando eran niños, mis hijos salían, recogían las pelotas, y se las vendían de nuevo a los golfistas cuando los veían acercarse. Como nuestra casa está en una zona serpenteante, los golfistas trataban de golpear las pelotas con fuerza suficiente para hacerlas cruzar esta sección, pero siempre terminaban en nuestro jardín. Los niños salían, las recolectaban y luego iban a sentarse junto al campo de golf y se las vendían a la gente que pasaba. Dos pelotas por un dólar.

Los niños realmente no necesitaban ese dinero, pero a los 10 años empezaron a relacionar la idea de trabajar, de salir a recolectar pelotas, caminar al campo de golf, hablar con los clientes y venderles el producto. Los golfistas se acercaban, veían las pelotas y elegían un par. Mis niños negociaban con ellos y regresaban con su dinero.

Todos mis hijos tuvieron empleos de medio tiempo cuando fueron adolescentes, lo buscaron de forma espontánea. Siempre los llevábamos a la oficina, y ahí nos veían trabajar a mí y a Barbara. Crecieron viendo a sus padres trabajar y establecieron una relación entre nuestro nivel de vida y el hecho de que siempre nos vieron produciendo algo.

Hablamos con ellos respecto al trabajo, el negocio y el personal. Los incluimos como si fueran directores, personal de tiempo completo, o accionistas. El objetivo era que sintieran que formaban parte de una empresa.

Todas éstas son medidas que puedes implementar para no echar a perder a tus hijos, para que no crezcan sin comprender la relación entre el trabajo intenso y las recompensas.

DAN

Brian, ¿tú crees, hasta cierto punto, que la gente podría estar subestimando este concepto de la felicidad y su relación con el dinero? ¿O incluso que es narcisista? Si hay periodos de menor felicidad debido a que la responsabilidad o el estrés aumentan, ¿no se debería tomar en cuenta también que estás generando riqueza, mejorando la vida de otros y participando en algo que es más grande que tú?

BRIAN

Sí, claro. La gente dice: "Deberías hacer lo que te apasiona, hacer la diferencia en el mundo", etcétera.

Ahora hay toda una generación de gente que quiere trabajar en actividades no lucrativas: quieren hacerlo porque les aterra vender. En su mente, vender tiene que ver con el fracaso y, peor aún, con el rechazo. La gente participa en negocios de internet porque cuando envías un correo electrónico a una cantidad masiva de direcciones nadie puede rechazarte.

Por eso muchos eligen su ocupación con base en su estructura psicológica. Una de las cualidades de la gente sana es que sabe cómo lidiar con el rechazo y reponerse del mismo, me refiero a las personas resilientes. Esta gente está dispuesta a intentar todo tipo de cosas.

En cuanto a la felicidad y sentirse pleno, como ya dije, la gente exitosa hace lo que le gusta y siempre se esfuerza por ser mejor en ello. Ésta es una de las fuentes más grandes de felicidad que existen: ser capaz de proveer lo necesario para ti y tu familia, y ser independiente en el aspecto económico, es esencial.

Una última reflexión respecto al éxito y la felicidad: tienes que crecer más que los miembros de tu familia. Mi esposa viene de una familia pobre con 10 hijos. Nunca tuvieron dinero, pero ahora ella vive en una casa grande y tiene una vida maravillosa. Varios de sus hermanos y hermanas han sido muy sarcásticos, la desdeñan, la critican y la miran con desprecio porque es una mujer exitosa. No todos, sólo algunos.

En cierto momento notarás que esto también sucede con los amigos. A medida que avances, que crezcas como ser humano y que seas más exitoso, tendrás cada vez menos puntos en común con los otros. Me refiero a la gente con la que estudiaste o con quienes te llevabas cuando empezaste tu carrera. Muchos seguramente siguen viendo televisión, relajándose y pasándola bien, pero tu visión de la vida ahora es distinta. A veces incluso empezarás a tener menos aspectos en común con tu cónyuge.

Ahora piensas que debes ser productivo. Te gusta crear proyectos y obtener resultados porque eso es lo que te hace feliz y te abre todo tipo de oportunidades y posibilidades.

DAN

Brian, para resumir este capítulo, ¿qué es lo que la gente que ya domina la ciencia del dinero debe implementar para que el dinero y la felicidad coincidan?

BRIAN

El ejercicio más importante que le enseño a la gente, algo que he practicado toda mi vida, es imaginar que tienes una varita mágica y puedes cambiar cuatro aspectos de tu vida y hacerla perfecta en todo sentido. ¿Cómo sería? ¿En qué variaría respecto a tu vida actual? ¿Cuál sería el primer paso para cumplir tu sueño?

El primer aspecto tiene que ver con tus ingresos, tu negocio y tu carrera. Si ganaras todo el dinero que quieres, trabajando en lo que te encanta, con gente que te simpatiza, vendiendo un producto en el que crees, a gente que te agrada, vaya, si tu vida fuera perfecta en este sentido, ¿cómo la vivirías y de qué manera sería distinta a la que tienes ahora? ¿Cuál sería el primer paso para avanzar de donde estás hacia ese futuro perfecto?

El segundo aspecto tiene que ver con tu familia y tus relaciones. Si tus relaciones personales, tu familia, tu estilo de vida, tu casa, tus vacaciones... si todo fuera hermoso, ¿de qué manera sería distinta la situación en que ahora te encuentras?

El tercer aspecto tiene que ver con tu salud. Si tu salud fuera perfecta, si estuvieras sano, en forma, esbelto, en tu mejor versión posible, ¿qué cambiaría respecto a tu situación actual? ¿Cuál sería el primer paso para avanzar de donde estás ahora hacia tu objetivo?

El cuarto y último aspecto se refiere a tu situación financiera, al objetivo de alcanzar la libertad económica. ¿Podrías determinar con exactitud cuánto dinero necesitarías que produjeran al mes tus inversiones para poder retirarte y no tener que volver a preocuparte por dinero nunca más? ¿Cuánto sería? ¿Qué cifra? Establece esa cantidad como objetivo y planea cuándo quieres alcanzarla. Ahora vuelve al presente y pregúntate: ¿qué es lo primero que necesitaría hacer para empezar a acumular, reunir esa cifra mágica y nunca volver a trabajar?

Ahora te hablaré de un descubrimiento interesante. Quienes hacen esto no están pensando en no volver a trabajar porque son gente que quiere seguir siendo productiva toda su vida. Lo único que les interesa es tener opciones, poder decidir. Quieren ser capaces de elegir si desean seguir trabajando o no. Ahora elige tu cifra.

¿Sabías que entre 80 y 90% de los estadounidenses no saben cuánto necesitan mensualmente para sobrevivir? Siéntate y analiza tus gastos totales de cada mes, tanto los fijos como los variables, los imprevistos que puedan presentarse. Revisa tus facturas y pagos. ¿Cuánto te costaría vivir si dejaras de recibir ingresos? Ése es tu número mágico. ¿Cuánto te costaría al mes? ¿Y al año?

Ahora multiplica la cifra anual por 20. Si vivir te cuesta cinco mil dólares mensuales, un año te costará 60 mil. Y 20 años te costarán 1 200 000. Tomando en cuenta estas cifras, podrías sacar cinco mil dólares mensuales del banco y nunca te quedarías sin dinero para vivir. Si necesitas más, inclúyelo en el cálculo. Haz cuentas. Escribe todo y empieza a enfocarte en esa cifra desde hoy.

El simple hecho de tener claridad respecto a los cuatro aspectos de la vida perfecta que te gustaría tener, y de dar el primer paso para ir hacia ella, te hará feliz.

Capítulo 10

La ciencia de la economía:
Reglas para tener una economía nacional dinámica

Antes de concluir el libro me gustaría que cambiáramos nuestra perspectiva, que dejáramos atrás el nivel en que nos encontramos en la Tierra, y que nos elevéramos 15 kilómetros para ver la manera en que nuestro aprendizaje se relaciona con la economía nacional completa, la cual es cada vez más global. No es ningún secreto que en Estados Unidos enfrentamos actualmente dificultades económicas y que esto no cambiará. Brian cree que como ciudadanos responsables tenemos la tarea fundamental de saber lo que se necesita para que nuestra economía prospere en el futuro próximo. Después de hablar sobre esto, Brian concluirá el libro con una revisión de lo que has aprendido y sugerencias para que tu economía *personal* también crezca en las siguientes décadas.

BRIAN

Cuando era niño me sentía muy confundido respecto a la economía, y cuando uno está confundido es susceptible de ser manipulado por la retórica política y la demagogia. De hecho, la mayor parte de la política moderna depende de la ignorancia de la población respecto a la realidad económica.

Te voy a contar una excelente historia sobre un rey que llegó a acumular gran riqueza y decidió que recolectaría toda la sabiduría del mundo: sería su gran legado. Envió a sus sabios con presupuestos ilimitados a buscar por todo el mundo y traer de vuelta la sabiduría colectiva de la humanidad. Los sabios regresaron con 100 mil libros, y para cuando cumplió 50 o 55 años dijo: "Son demasiados libros, tienen que deshacerse de la mayor parte y consolidar el conocimiento principal".

Los sabios se reunieron y decidieron conservar sólo mil libros, pero para entonces el rey ya tenía 60 años. "Nunca podré leer mil libros, tienen que hacer una colección más sintética." Los sabios se fueron y trabajaron 10 años más, durante los cuales lograron condensar el conocimiento en 100 libros. El rey ahora tenía 70 años y se sentía muy avejentado. "Siguen siendo demasiados libros —dijo—. ¿No podrían sintetizar más la colección."

Los sabios se fueron y cinco años después regresaron a ver al rey. El líder de los sabios tenía consigo un pequeño trozo de papel. Le dijo al rey: "Pudimos resumir toda la sabiduría de todos los tiempos en este trozo de papel, aquí tiene, majestad".

El rey desdobló el papel y leyó: "El almuerzo nunca es gratuito".

Éste es el gran principio de la economía: el almuerzo nunca es gratuito. Hoy en día, en el mundo occidental tenemos lo que se llama economía de Santa Claus, es decir, una economía en la que puedes obtener algo a cambio de nada. Los políticos usan el erario para comprarse puestos, luego aumentan los impuestos y usan el dinero público para mantenerse en esos puestos. Toda la política depende de un intercambio de votos: si tú votas por mi programa de gastos y mi plan tributario, yo votaré por el tuyo. Todos le rascan la espalda a alguien más: los políticos llegan a sus puestos prometiéndole a la gente dinero a cambio de nada y regalando dulces y juguetes, como Santa Claus. Sólo presta atención: en las elecciones siempre hay alguien que hace el papel de Santa.

De vez en cuando un adulto se pone de pie y dice: "¿De dónde va a salir el dinero que estás prometiendo?", y abuchea al Santa Claus en cuestión. "El gobierno lo pagará. Como siempre." Pero una de las reglas económicas es que el gobierno no tiene dinero. Rush Limbaugh solía decir: "Este dinero no es suyo, amigos". El gobierno no tiene dinero excepto por el que extrae del sector privado.

Te daré una imagen para ilustrar. Imagina una piscina. Un empleado del gobierno saca una cubeta de agua de un extremo de la piscina y luego corre al otro extremo y vierte el agua de nuevo. Es lo mismo que hace el gobierno. Toma dinero de un lugar, de una persona o grupo en particular, y enseguida va y lo vierte en otra parte, pero no hay ganancia neta para la economía.

Lo peor de todo es que, como los empleados del gobierno son torpes, derraman 80% del agua, así que la cantidad real que se vierte de vuelta es muchísimo menor a la que sacaron. Ésta es la razón por la que los gastos del gobierno aumentan, y la riqueza nacional o del gobierno disminuye. El desempleo crece en la misma medida que los gastos gubernamentales. Los salarios llegan a su tope mientras el gasto del gobierno continúa incrementándose, porque en realidad el gobierno es un peso muerto que la sociedad tiene que cargar. Éste no produce nada de valor, nada que le sirva a la gente o que quiera, porque si lo quisiera el sector privado también lo produciría.

El alcalde de Indianápolis encontró la manera de transformar lo que era, en resumen, una economía sumida en la deuda. Le llamó a su experimento "Prueba de las Páginas Amarillas" y dijo: "Cualquier función que exista en el gobierno y que sea ejecutada por tres o más empresas del sector privado, la realizaremos a través de subcontratación". Los sindicatos del sector público se pusieron como locos porque a ellos suelen pagarles muy bien cuando el gobierno lleva a cabo las obras. De hecho, debido a los billones de dólares de activos no financiados, estos sindicatos tenían en bancarrota a casi todas las ciudades, estados y condados, así como al gobierno nacional. Era de esperarse: los sindicatos se volvieron locos, pero tuvieron que aguantarse.

Así pues, si necesitabas transportar basura, dar mantenimiento a los carros de los bomberos, realizar trabajos de jardinería para los parques municipales, y todo ese tipo de tareas, primero buscaban si había una empresa privada que hiciera ese trabajo, y luego se lanzaba una licitación. Sorprendentemente, los sindicatos del gobierno tuvieron que participar en las licitaciones y competir con el sector privado, así que bajaron sus precios. Luego tuvieron que despedir a sus empleados flojos y empezaron a hacer el trabajo bien y a precios competitivos.

Hace muchos años el economista Henry Hazlitt escribió un tratado llamado *Economics in One Lesson* (*Economía en una lección*) basado en el ensayo de Frédéric Bastiat, *What is Seen and What is Not Seen* (*Lo que se ve y lo que no se ve*), el cual dice que lo que uno ve es resultado de los gastos del gobierno. Los gobiernos contratan empleados, pero lo que no vemos es que, por cada persona contratada por el gobierno, dos deben perder su empleo en el sector privado. Tal vez te enteres de que el gobierno ha creado una gran cantidad de empleos nuevos, pero no ves los que desaparecieron porque los empresarios tuvieron que despedir gente o porque, para empezar, ni siquiera pudieron abrir su negocio debido a lo elevados que son los impuestos. Todos éstos son principios económicos comunes.

Recuerdo a un político que se enfrentó a este cuestionamiento: "¿Sabe usted algo sobre economía básica? Permítame explicarle: no puede sacar algo que no haya puesto en ella. No puede consumir lo que no produce. El almuerzo no es gratuito". Y contestó: "No sé nada ni quiero aprender nada sobre economía, porque si lo hiciera cambiaría mi voto". Ésta es la enfermedad que se ha diseminado en Occidente.

Hace poco vimos a Japón caer en recesión a pesar de ser una de las economías más prósperas en potencia. Hace 20 años era la tercera en el mundo, uno de los países más prósperos, pero luego introdujeron una gran cantidad de impuestos, regulaciones y programas de gasto, y con eso se estrangularon. Y ahora está sucediendo lo mismo en Francia, un país europeo en plena decadencia.

Actualmente, por primera vez en toda la historia de Estados Unidos, hay más empresas a punto de desaparecer que empresas recién formadas. Cada año seguirán pereciendo más sin que nadie sienta pena por ello. La situación está de cabeza.

Nuestros sectores empresarial y corporativo están desapareciendo; las empresas no pueden crecer, tienen que guardar su dinero en el extranjero o dejarlo en el banco. Apple tiene 200 mil millones de dólares con los que no puede hacer nada porque no es seguro invertirlo. El gobierno se puede quedar con tu dinero a través de regulaciones, impuestos o leyes nuevas. Por eso los empresarios tienen todo un equipo de abogados y contadores para proteger el dinero y que el gobierno no lo toque. Ya nadie está dispuesto a correr riesgos.

Ése es el problema de la economía hoy en día. Los políticos disfrazados de Santa Claus ofrecen beneficios a cambio de nada, dinero que la gente no ha ganado y que no merece. Están comprando votos con ese dinero también, y cada vez que lo hacen, en la siguiente elección tienen que aumentar las apuestas y ofrecer más, porque de lo contrario la gente, que suele ser muy voluble, sólo cambiará de parecer y votará por alguien que le ofrezca más.

DAN

Brian, la deuda nacional se encuentra en niveles inusitados e insostenibles; está a punto de estallar. Explícanos la manera en que la enfermedad del "algo a cambio de nada" se ha extendido a todo el país y se ha convertido en una bomba de tiempo. Háblanos del desafío que enfrentamos ahora; dinos cómo surgió, qué podemos hacer para solucionarlo y cómo podemos prepararnos como ciudadanos para encararlo.

BRIAN

La deuda es dinero prestado. Es una cantidad que se les pide prestado a los ciudadanos en forma de bonos del gobierno, pero al fin de cuentas tiene que pagarse. La gente que no sabe nada sobre economía dice: "Es dinero que nos debemos a nosotros mismos, así que en realidad no lo debemos". Pero sí, sí lo debemos.

Hoy en día tenemos tasas de interés de 0%. Si la tasa de interés de la deuda del gobierno, que asciende a 18 billones de dólares, fuera de 4 o 5%, se generaría alrededor de un billón de dólares al año en intereses. El país caería en bancarrota. Por eso los políticos están luchando con desesperación para mantener las tasas cerca del 0% el mayor tiempo posible, al menos hasta que su periodo en el gobierno llegue a su fin.

Seguramente sabes que hay gente que trabaja en el sector privado y recibe pensiones, las cuales están vinculadas con la bolsa de valores. La gente que trabaja para el gobierno también recibe pensiones, pero éstas no están vinculadas a nada, tienen una garantía vitalicia y sufren alteraciones con base en la inflación. Por esta razón, si la economía se fuera al demonio, los políticos terminarían recibiendo paracaídas dorados: pensiones con beneficios fabulosos y prestaciones médicas que se ajustarían para mejorar, así que ellos siempre ganarán más dinero durante su retiro que cuando dejen sus puestos.

Un político que sirva durante dos periodos en Washington se retirará con más de un millón de dólares en las prestaciones de su retiro. Además tendrá un plan médico nivel Cadillac de por vida. ¿De dónde viene este dinero? Nadie quiere hablar de ello.

Cuando dejó su puesto, Charles de Gaulle habló del caos que se crearía en Francia, y acuñó esta frase: "Après moi, le déluge".

La frase significa: "Después de mí, el diluvio", y se refiere a la situación de desgracia que se presentaría después de su mandato. "Cincuenta años después de que yo deje mi puesto, todo tendrá que pagarse, pero yo ya no estaré aquí, estaré retirado. Estaré descansando, disfrutando mi plan de retiro personal; todas mis facturas podré pagarlas gracias a mis fabulosas prestaciones médicas, y mientras tanto, la economía puede irse al diablo. Esto no afectará mis ingresos porque éstos proceden de otro lugar y están desvinculados de los demás programas de pensiones. Mis ingresos seguirán garantizados mientras viva."

Como puedes ver, nos enfrentamos a muchos desafíos, y lo peor está por venir: de acuerdo con *Business Week*, la cantidad de activos no financiados, es decir, la cantidad que debemos —y no sólo en la deuda nacional de 19.2 billones, sino también en Seguridad Social, Medicare, pensiones y todo lo demás no financiado que continúa en los libros contables y que tiene que seguir pagándose— asciende a cerca de 107 billones de dólares. Esta cantidad es seis veces más de lo que el país genera en un año, o sea, una suma impagable. Somos el país más próspero de la historia, pero nuestra deuda es tan grande que nos está destruyendo.

Estonia, en cambio, tiene una deuda mínima, muchos países ni siquiera tienen deuda. Y nosotros debemos más que todos los países del mundo combinados. La única solución que se les ocurre es aumentar el límite de la deuda: pedir prestado más dinero que nunca pagaremos.

DAN

Hay un antiguo dicho: Si debo tres mil dólares, tengo un problema, pero si debo tres millones, quien tiene el problema es el banco. Esto significa que si no pago lo que debo, el banco tiene que compensar, por lo que hará todo lo posible por asegurarse de que yo sea solvente y pueda regresarle el dinero, en especial si le debo mucho. Por eso me pregunto: ¿hay alguna manera de escapar de este escenario que vivimos en Estados Unidos, de salir de la burbuja de deuda mientras otros países, como China, podrían simplemente condonar la deuda porque confían en nosotros, y en particular en nuestros consumidores? ¿O la única manera de salir de esta situación será declarándonos en bancarrota?

BRIAN

Dicen que, como el dólar estadounidense es la divisa de reserva, podemos seguir imprimiendo dinero y la gente continuará aferrándose a él. Lo único que nos ayuda en este momento es que casi todos los demás países son más inestables en el aspecto político, por eso sigue llegando más y más dinero a Estados Unidos, porque aquí está más seguro, porque lo protege la ley. Por eso creo que la gente continuará apostando a nuestro favor. Tal vez se siga pagando la deuda; el problema es que también tenemos en contra las elevadas tasas de interés. A menos de que el gobierno aumente los impuestos para generar cientos de miles de millones, o tal vez billones de dólares, las elevadísimas tasas de interés sobre una deuda así de grande van a consumir, en primer lugar, todo el gasto discrecional que el gobierno federal tiene a su disposición. También van a acabar con el presupuesto de defensa y destruir los de salud, educación y bienestar, así como Medicaid. No hay otra opción.

Si las tasas de interés suben, tienes que pagar 5% sobre 18 billones de dólares de déficit, pero todavía quedan otros déficits pendientes: Medicare y Seguridad Social. Todos estos programas caerán en bancarrota porque no hay fondos de fideicomiso ni ahorros, lo único que tenemos son pasivos sin ningún financiamiento. No hay ni un centavo ahorrado para pagar esta deuda de más de 100 billones de dólares. Debemos más que todos los demás países del mundo en conjunto, y eso sólo es posible porque podemos imprimir dólares.

DAN

Ésta es otra de las razones por las que la gente necesita escuchar y aplicar todas las lecciones que nos brindas, Brian. Las generaciones por venir podrían enfrentarse a un nivel de vida reducido y para mantenerse tal vez tengan que producir mucho más que las generaciones anteriores. Háblanos del libro *Democracy in America* de Alexis de Tocqueville, sobre lo que dice respecto a lo próspero que era Estados Unidos antiguamente, y sobre las áreas en que el autor cree que nos hemos retrasado en años recientes.

BRIAN

Alexis de Tocqueville publicó su libro en 1835, y el mensaje que más me marcó fue el de que Estados Unidos estaba conformado por individualistas, gente que aceptaba la responsabilidad individual de su trabajo y de los resultados de su producción. Sin embargo, también había gente que trabajaba para la comunidad, que se unía a otros para trabajar en equipo, para construir graneros, levantar las cosechas y otras actividades.

Según Tocqueville, lo más interesante era que en Estados Unidos no había élites ni aristocracia. Estados Unidos fue construido de tal suerte que la gente podía llegar aquí con las manos vacías y construir una vida maravillosa gracias a un trabajo arduo y a la realización de una actividad empresarial. Esto fue lo que vio Tocqueville. Se dio cuenta de que el gobierno de aquel tiempo era extremadamente pequeño en comparación con los enormes, tiránicos y abrumadores gobiernos europeos que condujeron a revoluciones y masacres. Como recordarás, hubo revoluciones en Francia, Alemania e Italia, tiempo después, también hubo una revolución en Rusia, porque la clase trabajadora se rebeló contra los impuestos y la tiranía.

En Estados Unidos nunca vivimos algo así; este país tuvo una base antiaristocrática, aquí nadie era mejor por venir de una familia adinerada. Uno de los ejemplos que me gusta dar es el de Bill Gates, el hombre más rico del país, quien hace poco alcanzó un valor neto de 79 mil millones de dólares. Imagina que Bill Gates se acerca a ti y te dice: "Soy Bill Gates, soy el hombre más rico de Estados Unidos, puedes besar mi mano y el anillo en mi dedo". Imagínate decirle algo así a un inmigrante, a una persona pobre, a alguien que vive en la calle, a una persona común, a alguien que trabaja como lavaplatos. En Estados Unidos nadie besaría la mano de alguien más sólo porque es la persona más rica del mundo, a los estadounidenses nos parecería ridículo hacer algo así.

Sin embargo, hemos perdido la noción de la individualidad y de la independencia, y eso nos pone frente a un gran desafío.

Cada vez más gente depende del gobierno y se pregunta: "¿Por qué el gobierno no hace esto o aquello?"

Te voy a contar una historia breve. El estado de Alabama es muy famoso por sus jabalíes, unas criaturas feroces. Los jabalíes solían andar por los bosques y mataban a los cazadores y a sus perros, así que nadie salía a pasearse por ahí. Un día, un granjero llegó en su automóvil a cierta área y se detuvo en un pequeño pueblo.

—Quiero cazar un jabalí —dijo.

—No, ni siquiera se acerque a ellos. Cuando salimos a cazarlos vamos equipados con armas y llevamos a nuestros perros. Los jabalíes son animales muy peligrosos —le advirtió la gente del pueblo.

El cazador insistió.

—Bien, los puede encontrar en la zona sur del pantano —dijeron unos cazadores.

El hombre salió y desapareció algunos días. Cuando volvió, venía con la camioneta llena de jabalíes. Todos estaban vivos, hacinados en el vehículo, y no dejaban de gruñir. El hombre se detuvo a cargar gasolina.

—¿Cómo logró capturarlos? Nadie puede ni con uno; son los animales más salvajes del sur del país —dijo la gente del pueblo.

—Fue muy sencillo. Puse harina de maíz en la tierra y me alejé. Los jabalíes se acercaron, olfatearon la harina y se la comieron. Luego volví e hice lo mismo el segundo día, y ellos volvieron a acercarse. Entonces empecé a construir un corral a unos tres metros del lugar y cuando terminé coloqué en el interior algunos árboles y ramas. Los jabalíes entraron, comieron la harina y se fueron.

"Seguí adecuando el corral, y algunos días después los jabalíes empezaron a venir y a formarse para entrar y comer su alimento gratuito. Sólo llegaban y comían —explicó el hombre—. Un día cerré el corral cuando estaban dentro y el único lugar por donde podían salir era el otro extremo, el cual conducía a la parte trasera de mi camioneta."

El cazador dejó un rastro de harina de maíz que iba directo a su vehículo y los animales lo siguieron. Subieron, se hacinaron y continuaron comiendo. El hombre cerró la parte trasera de la camioneta y volvió al pueblo.

—Fue muy sencillo, basta con hacer dependiente a quien se quiera cazar. Los animales pierden su sentido de la individualidad y de la independencia porque presienten el peligro. Se vuelven sumisos y dóciles, y entonces es muy sencillo controlarlos.

Ésta ha sido la política de los gobiernos de todo el mundo: volver sumisos y dóciles a los individuos, controlarlos dándoles cosas gratis hasta que se vuelven demasiado débiles para resistir. Es lo que hacen aquí y en los otros países. La mayor parte de las políticas están diseñadas para hacer que la gente dependa por completo de los gobiernos y que vote por quien les prometa que los trenes con alimentos gratuitos seguirán llegando.

DAN

Brian, sin entrar en una discusión partisana, ¿podrías hablarnos de aspectos específicos de la ciencia de la economía y de la manera en que cada área funciona para que la economía sea más eficaz? Te propongo como temas de discusión la política tributaria, las leyes sobre el salario mínimo, las regulaciones, el tamaño de los gobiernos federales en comparación con los estatales y cualquier otro tema que te parezca fundamental para entender lo básico de la economía.

BRIAN

En esencia, todo lo que el gobierno hace empeora la situación, porque todo lo que pasa por sus manos es político, es decir, obedece a una agenda que siempre está diseñada para enriquecer a los amigos y castigar a los enemigos. Por esta razón, toda contribución política es un intercambio. Yo doy mi dinero, pero espero una gran recompensa de los políticos que tal vez sean elegidos. En realidad estás apostándole tu dinero a un caballo, y si gana, te pagará de vuelta, te llevará a dar un buen paseo.

En Washington hay una organización que analiza la cantidad de contribuciones a campañas de una empresa con la cantidad de beneficios que ésta recibe del gobierno durante los siguientes cuatro años, y actualmente la proporción es 72 a 1. Hubo una empresa de paneles solares que terminó quebrando. El fundador le dio 100 mil dólares a Obama en la primera elección y los siguientes dos años obtuvo 526 millones de dólares del gobierno a pesar de que éste dijo: "Es una pérdida total de tiempo, esta empresa no tiene productos ni capacidad de pagarnos". Es el mayor soborno del que he tenido noticia, el dinero desapareció y hasta la fecha nadie ha preguntado dónde está. La Casa Blanca dijo: "Sólo denles su parte", porque estaba tratando de enviar un mensaje a otros donadores, y le funcionó, ya que en la siguiente elección logró recolectar 800 millones. Todos estaban al tanto de los sobornos.

Ahora sabemos que a medida que un gobierno prospera, el sector privado decae. El sector privado produce productos y servicios que la gente quiere y necesita, y por los que está dispuesta a pagar, productos y servicios que la gente ve como verdadera riqueza como automóviles, ropa, casas, mobiliario o teléfonos celulares. Esto es lo que muchos consideran que es riqueza porque mejora su estilo de vida.

El gobierno gasta en cientos de miles, en millones de empleados que pasan casi todo el día sentados sin generar riqueza. Algunos dicen que el producto interno bruto aumenta cuando el gobierno contrata más empleados, pero eso no es cierto porque por cada uno de esos trabajos se tienen que eliminar dos en el sector privado. Por eso nunca puedes usar los términos *trabajo arduo* y *empleado del gobierno* en la misma oración; si lo hicieras, la gente se reiría de ti.

El hecho es que, a medida que el gobierno crece, la esperanza y las posibilidades para la población disminuyen. Se ha descubierto que la única manera de aumentar la verdadera prosperidad y las oportunidades para la gente es disminuyendo el tamaño del gobierno, así como las regulaciones y los impuestos. Y por supuesto, despidiendo a sus empleados. Por eso yo le digo al gobierno: libera a la gente, quítate del camino.

La mayoría de los empresarios en Estados Unidos le han dicho al gobierno: "Quítate del camino, no necesitamos tu ayuda, no queremos políticas, no queremos nada, déjanos en paz y permítenos construir y operar nuestros negocios". Si investigas, verás que las economías que están prosperando en el mundo son las que tienen menos regulaciones y las tasas tributarias más bajas. Las que están por desaparecer son las que imponen más reglas e impuestos más elevados sobre todo el espectro. Estados Unidos solía ser el país más libre del mundo; ahora ocupa el lugar 19, justo debajo de Botswana.

En su libro *Trust: The Social Virtues and the Creation of Prosperity*, el historiador Francis Fukuyama mostró que las economías con los niveles más elevados de confianza eran también las más prósperas. Las economías con los niveles más bajos de confianza eran las más pobres. También se han hecho estudios respecto a la facilidad para hacer negocios en distintos países, y se descubrió que las economías en las que es más sencillo echar a andar un negocio son también las más prósperas, y viceversa. La organización Transparencia Internacional dice que los países con mayor corrupción son los menos prósperos y, claro, los que tienen el menor índice de corrupción son los que tienen una mejor situación económica.

Durante varias décadas después de la Segunda Guerra Mundial, Estados Unidos ocupó el primer lugar en todos estos índices, pero ahora se encuentra en el número 19. También aparece en el número 18 o 19 en cuanto a los logros en el campo educativo. Nuestro país gasta más por estudiante que cualquier otro del mundo, pero tenemos los peores resultados. Así que, hasta que no tengamos líderes que se pongan de pie y digan: "Esto no está bien, tenemos que cambiar la situación y empezar a facilitar las cosas para que los ciudadanos trabajen y echen a andar negocios, tenemos que permitirles establecer empresas y comerciar de manera local e internacional", no habrá ninguna política del gobierno que sirva o ayude.

DAN

Hace poco se discutió mucho respecto al 1% en la cima y el 99% restante. Muchos creen que el capitalismo es una etapa cancerosa en la que la gente que tiene dinero no deja de enriquecerse mientras los demás siguen en la misma situación o son más pobres. Las estadísticas que muestran salarios con un límite para la mayoría de la gente en el país, aumentos enormes de riqueza en la capa superior, en particular para un 0.1%, sugieren que estas preocupaciones podrían no ser infundadas. Dinos lo que piensas respecto a esta controversia. ¿Te parece que son preocupaciones válidas? ¿Crees que el capitalismo todavía puede funcionar de manera eficaz en la etapa de la economía en que nos encontramos?

BRIAN

Como dije anteriormente, el capitalismo es en realidad *ahorrismo*. Imagina a un granjero primitivo que planta semillas y deja que los cultivos crezcan. ¿Qué hará después con la cosecha? Separa las semillas que plantará el siguiente año. El costo de estas semillas lo saca de la cantidad que él y su familia pueden consumir o, dicho de otra forma, se priva a sí mismo y a otros porque es un hombre capaz de ahorrar dinero, hacer un sacrificio y practicar la gratificación tardía. A lo largo de la historia éstas han sido las características de la gente que tiene éxito.

Esto quiere decir que si trabajas con ahínco, ganas dinero, tomas una parte para ahorrarla y luego inviertes ese dinero concienzudamente en algo que te pueda generar ingresos, como un inmueble, bonos o un fondo mutualista, te convertirás en un capitalista o *ahorrista*. El término *capitalista* se le atribuye a Karl

Marx, quien no entendía la ley de causa y efecto. Marx sólo veía a los ricos sin comprender que se trataba de gente que ahorraba su dinero y lo reinvertía. Ser capitalista implica una gran riesgo y probabilidades muy elevadas de fracasar. De hecho, a veces tiene que pasar mucho tiempo antes de recibir un retorno.

A quien construye una fábrica podría tomarle entre tres y cinco años obtener ganancias, por eso hay que estar dispuesto a invertir durante un periodo de 10 años antes de empezar a ganar dinero. Y después, los tipos como Piketty, Stiglitz y otros socialistas andan por ahí diciendo: "Miren a ese ricachón, hijo de mala madre, haciendo dinero a través de la manufactura de productos que luego vende dos, tres, cuatro o cinco veces más caros de lo que costó producirlos y despluma a los pobres consumidores". ¿Pero qué hay sobre los 10 años que ese empresario tuvo que invertir para construir la fábrica o montar el negocio para empezar? A un negocio pequeño le toma siete años llegar al punto en que puede empezar a tener ganancias, y en cuanto llega ese día, los cobradores de impuestos tocan a su puerta y exigen 50% de las ganancias porque no entienden la ley de causa y efecto.

El problema que provoca la desigualdad en Estados Unidos se debe a que la gente no ahorra dinero porque sólo le enseñan a gastarlo en diversiones, pantallas enormes y viajes a Las Vegas. Apostar ahora es legal en todos los estados, así que, si no puedes ir hasta Nevada, puedes hacerlo en donde te encuentres. El hecho es que si ahorras dinero y lo inviertes con cuidado, con el tiempo puedes convertirte en capitalista, es decir, en *ahorrista*. En cambio, si no hay ahorros, tampoco hay acumulación de capital ni futuro para el país.

Por otra parte, ahorrar implica privarse de la alegría de consumir hoy con tal de alcanzar un poder adquisitivo distinto en el futuro. Ahorrar significa postergar el consumo que podrías gozar hoy, lo cual podría carecer de importancia de no ser porque la sociedad civilizada sólo es posible gracias a la disposición de la gente a hacer esto. En los países en los que no hay seguridad para los ahorros, es decir, en los países corruptos y deshonestos, la gente no ahorra.

Estados Unidos en un país seguro para invertir porque la ley protege bien el dinero, uno no puede robar y no terminar en la cárcel. Hay otros lugares en los que puedes robar a manos llenas, vivir en un palacio en una colina y sobornar a los políticos, los jueces y las cortes. Naturalmente, nadie quiere el dinero de esos países, y por eso su economía está en pésimas condiciones.

El hecho es que no puedes consumir lo que no produces. La tarea del gobierno es crear un ambiente en que el instinto empresarial natural y espontáneo de los individuos conduzca al desarrollo de productos, servicios y negocios nuevos. Los empresarios contratarán gente, crearán empleos y oportunidades, y pagarán más impuestos con los que se podrá construir escuelas, hospitales, universidades, carreteras y todo lo demás. Es un concepto básico de la economía, sin embargo, vivimos en un mundo absurdo, pensamos que el gobierno podrá continuar estrangulando al sector privado sin que eso tenga efectos a largo plazo. Todos los políticos esperan dejar su cargo y vivir con pensiones descabelladas antes de tener que pagar algo de lo que tomaron.

Ahora hablemos de la desigualdad en el ingreso. El gran problema es que los individuos nacen en desigualdad; es algo que he estudiado y sobre lo que he escrito en abundancia. La mayoría de la gente sufre la desigualdad por voluntad propia, muchos son diferentes a los demás porque hace décadas dejaron de aumentar su conocimiento y sus capacidades. Estuvieron bajo una mala influencia o simplemente no hubo influencia. Les fue mal en la escuela por alguna razón, salieron de ahí sin poder leer o escribir. De hecho, 50% de los estudiantes en Estados Unidos, si no es que más, salen de la preparatoria sin poder llenar una solicitud para trabajar en McDonald's. Entre 50 y 60% de los estudiantes aceptados en las universidades tienen que tomar cursos remediales en el verano para poder estudiar las materias del primer ciclo en el otoño. Son gente sin habilidades que no puede leer ni operar una computadora. No entienden de ciencia ni de matemáticas o ingeniería; no saben nada de negocios ni de administración o mercadotecnia; no tienen manera de generar valor. Tampoco tienen la capacidad de ganar un salario y, por todo esto, sus ingresos son menores.

Gary Becker, de la Universidad de Chicago, dijo: "No tenemos una brecha de ingreso, sino de habilidades". La gente que se encuentra en el 80% de la parte inferior no ha mejorado sus habilidades en décadas. Salieron de la escuela, trabajaron un año y nunca leyeron un libro. Quienes se encuentran en el 20% superior siempre se actualizan y aumentan su valor, por eso digo que la desigualdad es algo que uno mismo se impone. Toda la gente decide ser igual o desigual para bien o para mal; cada quien decide si quiere mejorar como persona y aumentar su capacidad de aportar valor a sus congéneres.

Cuando alguien dice: "Llevo 10 años trabajando en McDonald's, tengo 35 años, me pagan ocho dólares por hora, tengo siete hijos y soy madre soltera", ¿de quién es la culpa? ¿Quién tomó las decisiones que llevan a alguien a vivir de esa manera? En algún momento alguien tendrá que decir que los individuos son en gran medida responsables de su propia vida, porque en cuanto eliminas la noción de la responsabilidad, la sociedad colapsa. De hecho, la sociedad sólo se mantiene unida porque mucha gente *sí* acepta altos niveles de responsabilidad y no culpa a otros de sus problemas.

DAN

Otra preocupación económica es el efecto de la automatización y la manera en que podría poner un límite a los salarios y tener un impacto en la cantidad de empleos, no sólo ahora, sino también más adelante. ¿Qué nos dice esto del futuro del empleo en Estados Unidos? ¿Crees que más gente debería considerar la vía empresarial para no resultar afectada?

BRIAN

Desde 1770 ha habido oleadas de automatización. Cada vez que se presentó una, como cuando surgieron la fábricas o las ruecas, la gente se quejó con amargura: "Esto va a destruir nuestros empleos; la gente terminará en la calle". Sin embargo, lo único que ha hecho la automatización en cada ocasión ha sido sistematizar empleos simples y aburridos. La automatización libera a la gente y le permite dedicarse a trabajos de mejor nivel, más disfrutables y desafiantes. De hecho, cada vez que hay un nuevo proceso de automatización, se generan más empleos.

En un principio los automóviles se fabricaban en equipos; cada planta automotriz contaba con unos 20 o 30 grupos y cada uno trabajaba en un automóvil. Cuando aparecieron en la industria la línea de producción, la automatización y la administración científica, las plantas automotrices crecieron y pudieron contratar a miles de personas, y luego a millones de trabajadores, y brindarles un mejor nivel de vida, mejores salarios y planes de salud adecuados.

Por primera vez en la historia el hombre pudo darse el lujo de tener un empleo que le permitiera a su familia quedarse en casa. Hasta antes de eso, todos los integrantes de la familia tenían que ganarse el sustento: los niños mendigaban, las madres trabajaban en los campos y los padres tenían empleos deprimentes. Sin embargo, cuando llegó la automatización, de pronto un hombre pudo proveerle lo necesario a toda su familia, y sus hijos pudieron ir a la escuela mientras su esposa se quedaba en casa.

El desafío radica en que cada vez que se presenta la automatización, tú tienes que mejorar tus habilidades, vaya, es algo que tienes que hacer de por vida. Cada vez que un empleo es automatizado, la gente se libera y puede realizar una labor de un nivel más elevado, ésta es una de las bendiciones de la automatización. De no ser por ella, todos seguiríamos viviendo en granjas.

¿Sabías que a principios del siglo xx 50% de los estadounidenses trabajaban en granjas y alimentaban al otro 50%? Hoy en día menos de 1% son granjeros y alimentan a 300 millones de personas. Además de eso, gracias a la automatización pueden exportar toneladas de alimentos adicionales a todo el mundo: a países ricos y pobres. La automatización es algo genial, sólo que te exige mejorar y actualizar tus habilidades.

DAN

Brian, ahora que nos acercamos al final del libro, me parece que sería bueno que hicieras un resumen, una especie de curso breve sobre las leyes y los principios que nos permitirían tener una economía nacional dinámica. ¿Te parece bien?

BRIAN

Sí. Estas leyes económicas las seleccioné a lo largo de muchos años de investigación. Una vez que un matemático logra comprender ciertos principios, es capaz de resolver problemas complejos que una persona común no puede. En la mecánica también hay principios probados que le permiten al artesano hábil reparar un automóvil o un avión con ciertos métodos, procesos y herramientas. Esto, por supuesto, no lo puede hacer un individuo sin preparación. Asimismo, en la economía hay leyes que todo empresario debe entender porque explican el comportamiento humano.

La primera es la *ley de la escasez*. Es una ley fundamental de la economía que dice que los bienes tienen valor porque el suministro disponible es menor a la demanda. Dicho de otra forma, las casas nunca son suficientes. Los automóviles tampoco. Nunca hay suficientes anillos de diamantes, relojes hermosos, ni prendas hermosas. La escasez es lo que le da valor a todo. La idea de que debe haber un excedente, de que toda la gente debería tener cualquier cantidad que desee de un bien, y que el gobierno debe garantizar este suministro, es una locura. Siempre habrá carencia.

En términos económicos, digamos que, como no puedes tener todo lo que deseas, tienes que elegir de manera continua entre varias opciones. Sólo los niños dan pataletas, hacen berrinche y gritan: "Quiero esto y aquello". Tú, en cambio, siempre tienes que elegir porque tu capacidad de comprar bienes tiene un límite, y como los bienes son escasos, siempre es necesario hacer un intercambio. Ésta es la gran ley de la economía que rige a las sociedades: no puedes darle todo a toda la gente todo el tiempo y en cualquier situación porque, simplemente, no hay suficiente.

La segunda es la *ley de la oferta y la demanda*. De acuerdo con ella, el precio de un bien o servicio guarda una proporción directa con el suministro relativo a la demanda en el punto de adquisición. Por ejemplo, el salario de un empleado de un restaurante de comida rápida, que es una especie de lujo, lo determina la cantidad de gente dispuesta a trabajar en lugares de comida rápida a cambio del salario mínimo. El hecho es que, como la gente no tiene otras habilidades, hay millones de individuos dispuestos a trabajar en sitios así.

Si alguien dice: "No pienso trabajar por menos de 15 dólares por hora", en cinco minutos lo remplazarán porque hay una enorme lista de espera que quiere un empleo que le pague ocho o 7.75 dólares por hora. Todo se debe a la oferta y la demanda; no hay un precio objetivo, todo se basa en cuánto desean algunos algo, y cuánto están otros dispuestos a pagar.

La ley de la oferta y la demanda determina los precios, las ganancias, los salarios, el crecimiento, los decrementos, costos, pérdidas, y el éxito o fracaso de todo negocio. Todo depende de la oferta y la demanda. Los empresarios exitosos trabajan de manera continua para incrementar la demanda de lo que venden para poder aumentar también el precio. Éste es el objetivo de la publicidad, la mercadotecnia y la promoción: aumentar la demanda.

Otro de los principios que obedecen los empresarios es el del esfuerzo continuo de proveer productos y servicios mejores y más económicos, y de hacerlo más rápido o de una manera más conveniente para poder incrementar la demanda. Éstas son las leyes fundamentales: la ley de la escasez, que dice que todo es escaso, y la ley de la oferta y la demanda, que dice que el precio lo determina lo mucho que la gente desea un producto o servicio. Como ya lo mencioné, la principal razón por la que las empresas quiebran es porque nadie quiere su producto al precio que lo ofrecen.

La *ley de la sustitución* dice que ciertos bienes y servicios pueden sustituirse entre sí cuando la proporción demanda / oferta cambia. Te daré algunos ejemplos. Cuando la carne de res está muy cara, la gente compra pollo. Cuando el precio de la gasolina aumenta, la gente compra automóviles más pequeños y eficientes. Cuando el precio de la mano de obra aumenta, las empresas automatizan sus métodos de producción y remplazan a los empleados con máquinas. Siempre hay una relación costo / beneficio. Si puedo pagar esta máquina, y si ahorrándome estos salarios puedo ganar más a largo plazo, estoy haciendo una buena inversión.

Los clientes siempre tienen tres opciones en el mercado: pueden comprar el producto o servicio que les ofreces; pueden comprarle algo a otra empresa, o sea, a tu competidor, o pueden no comprar nada. Cada vez que te presentas en el mercado, tu cliente tiene esas tres opciones: comprarte, comprarle a tu competidor o no comprar. Ésta es la *ley de la sustitución*.

La *ley de la conectividad* es otro de los principios fundamentales. Establece que los diversos productos y servicios están conectados entre sí de una manera positiva o negativa, y que afectan de modo directo o a la inversa el precio del otro. Por ejemplo, cuando el precio de un artículo aumenta, a menudo provoca que el precio de un artículo vinculado a él también aumente. Cuando suben los precios de los alimentos, los restaurantes también incrementan sus precios. Por eso ahora la gente aquí en San Diego dice que no se puede conseguir costillares de primera calidad en los restaurantes porque aumentó el precio del maíz con que alimentan a las reses. Los precios de los costillares aumentan y a los restaurantes les resulta demasiado caro ofrecerlos en sus menús. ¿Por qué no puedes conseguir costillares de primera? Por la conectividad entre los precios de todos estos productos.

Cuando hay un incremento en el precio de un producto, baja la demanda de otro. Cuando los precios de los restaurantes aumentan, la cantidad de comensales desciende. También existe la conectividad inversa: la cantidad de gente que come en los restaurantes de comida rápida podría incrementarse si los precios de los restaurantes caros suben aún más.

Todo está entrelazado, la conectividad de los precios puede afectar el costo de otros productos. Si la gente deja de ir a un restaurante, éste dejará de comprar alimentos a sus proveedores y se producirá un efecto dominó. Si un negocio deja de vender su producto, tiene que disminuir su adquisición de materia prima y los salarios. Una vez más, todo tiene que ver con la conectividad.

Hay una historia sobre un individuo cuyo negocio va muy bien y decide encargarle un cuadro a una pintora. Va a un restaurante y se sienta. En la pared hay un póster, en realidad es un periódico que advierte que se acercan tiempos difíciles, que la economía está a punto de colapsar. Habrá recesión, depresión y desempleo. El hombre ve el póster y piensa: "Vaya, ni siquiera había pensado en eso, y acabo de pagar un dineral por un cuadro".

Entonces el hombre toma el teléfono, marca y cancela el encargo. La pintora le acababa de llamar a alguien para pedirle que pintara su casa porque pensó que tendría el dinero para pagarle, pero ahora tiene que cancelar la orden. El pintor le llama al distribuidor de automóviles porque planeaba comprar un automóvil nuevo cuando le pagaran por pintar la casa. Esto sucede a todo lo largo y ancho de la economía.

Un par de días después, el empresario regresa al restaurante y ve el póster. Se acerca y se da cuenta de que es un periódico de 25 años atrás.

El punto es que la información incorrecta puede desencadenar este tipo de conectividad y crear un efecto negativo en cascada. Por eso, cada vez que anuncian que el desempleo aumenta, la bolsa de valores se desploma. La gente vende sus acciones y corre a guarecerse. Luego todos salen y dicen: "La tasa de desempleo no es tan alta", y entonces vuelve a subir el precio de las acciones a toda velocidad. Las noticias afectan el mercado de valores.

La siguiente se llama *ley de la marginalidad*. Establece que lo que determina todas las decisiones económicas, y por lo tanto, todos los precios y costos, es la *última* decisión de compra. Es muy importante comprender esto. La cantidad que pague el *último* cliente por el *último* artículo disponible determina el precio de todo el suministro. Digamos, por ejemplo, que vendes donas y que la persona más hambrienta del mundo, la que haría cualquier cosa por las donas, pagará un dólar por cada una porque le fascinan. Sin embargo, tú no puedes vender tus donas a un dólar la pieza porque muy pocas personas podrían permitirse pagar esa cantidad. Tienes que venderlas a un precio mucho menor para que más gente pueda comprarlas, así que sigues vendiéndolas a un precio suficientemente bajo para que las adquieran, pero que también te permita seguir teniendo una ganancia para poder vender más.

Digamos que bajas el precio a 50 centavos de dólar por dona, o incluso a 25 centavos. De esa manera todos podrán comprar, siempre y cuando tú continúes teniendo una ganancia en la última venta. El principio de la marginalidad dice que el precio de todo lo que ofreces no se establece con base en cuánto esté dispuesto a pagar un cliente sumamente motivado, sino en lo que pagó el último cliente cauteloso, reservado y conocedor. El que fija el precio siempre es el último cliente que puede comprar tu producto o decidir adquirir el de la competencia. Si puedo comprarlo en otro lugar por 25 centavos, y tú me cobras 26, voy a ir al otro sitio. Por esta razón, el *precio de liquidación* es con el que todos los compradores satisfarán sus necesidades y todos los proveedores venderán sus productos y servicios.

Si vas a un mercado público verás que la gente lleva sus productos para ponerlos a la venta. Su objetivo es que su puesto esté vacío al final del día, cuando el último cliente compre el último producto del mercado. Todo se habrá vendido para ese momento, y lo que pagó ese comprador se convierte en el precio de liquidación del mercado. ¿Cómo funciona esto? Tomas el precio de liquidación y lo usas para asignar el precio para el *primer* cliente del día. De esa manera, todo se habrá vendido al llegar el cierre. El principio de marginalidad es esencial para la asignación de precios.

La siguiente es la *ley de los retornos decrecientes*. Esta ley es importante en los negocios, pero también en lo personal. Nos dice que los retornos, recompensas o ganancias de algunas actividades económicas disminuyen con el paso del tiempo. Según esta ley, con frecuencia puedes obtener ganancias elevadas de los primeros productos o servicios que vendes, sin embargo, el costo de producir o generar esos productos o servicios puede aumentar, por lo que más adelante tal vez recibirás ganancias menores. En pocas palabras, los costos aumentaron demasiado. Muchas de las actividades que realizas tienen un valor decreciente, y entre más las lleves a cabo, menor valor tendrán para tus clientes.

A continuación viene la *ley de los retornos crecientes*. La rentabilidad de un producto, servicio o actividad puede aumentar a medida que lo produzcas u ofrezcas en mayor cantidad. Ésta es, por cierto, la razón por la que los fabricantes en masa tienen éxito. En el sector de las ventas al menudeo, tiendas como Walmart aumentan sus retornos porque compran muchos más productos, compran cientos de miles o millones, y los reparten en más de 11 mil tiendas. Sus precios son tan bajos que se convierten en la primera opción para los millones de clientes que adquieren sus productos.

En la actualidad, el conocimiento es la única fuente real de ventaja competitiva. Cuando ofreces un producto que se basa en el conocimiento, con cada unidad que produzcas te volverás más eficiente. Cada una que vendas te costará menos y te permitirá tener una ganancia mayor.

Te daré un ejemplo de cómo funcionan los retornos crecientes. Tengo un seminario maravilloso que se llama "Ventas en el siglo veintiuno". Para producirlo tuve que investigar cientos de horas y acumular años de experiencia en la calle. En una ocasión ofrecí el seminario y usé la retroalimentación recibida para pulirlo. Ahora tengo uno de los mejores seminarios sobre ventas y dura un día entero. Lo he ofrecido 300 veces en todo el mundo, cobrando una tarifa muy elevada en cada ocasión. Si alguien dice: "Necesitamos un seminario de ventas", puedo comenzar en cinco minutos, porque he pagado una gran cantidad de dinero para desarrollar esta obra intelectual, pero una vez terminada puedo reproducirla a un precio muy bajo. Por esta razón, los productos basados en el conocimiento tienen el beneficio de aumentar los retornos, y cuanto más los vendes, más rentables se vuelven.

La siguiente ley, que es muy importante para nuestra discusión, tiene que ver con la economía nacional e internacional, es la *ley de las consecuencias secundarias*. Esta ley establece que toda acción tiene consecuencias primarias y consecuencias secundarias. Todo lo que haces produce un resultado, pero muchas de las cosas que no haces también tienen consecuencias.

De acuerdo con los economistas Bastiet y Hazlitt, entre otros, la consecuencia primaria siempre es positiva. Alguien dice: "Voy a dejar la escuela, voy a conseguir un trabajo, comprarme un automóvil y salir con chicas". La primera consecuencia es positiva porque el individuo consigue el auto, es simpático y tiene varias novias, pero ¿cuáles son las consecuencias secundarias? El individuo carece de educación, tiene un empleo de bajo nivel, a lo largo de su vida atraviesa varios periodos prolongados de desempleo, y carece de habilidades que le permitan aprovechar la automatización. Tarde o temprano se convierte en una persona pobre. Éste es uno de los grandes problemas del mundo en la actualidad: una gran cantidad de gente se involucra en actividades que tienen varias consecuencias secundarias.

El economista Milton Friedman dijo que la habilidad de considerar con precisión lo que podría suceder como consecuencia secundaria es la clave de un pensamiento extraordinario. No estamos hablando de la consecuencia *primaria*, que siempre resulta ventajosa. Como cuando compras una caja llena de donas. En Krispy Kreme he visto a mucha gente hacer esto, comprar la caja y devorar el contenido. La consecuencia previsible es el disfrute de unas donas deliciosas, pero la consecuencia secundaria es una sensación de pesadez y hartazgo. Además, no duermes bien, y si sigues haciéndolo subirás de peso, tendrás una panza enorme y te verás forzado a comprar ropa de una talla más grande, entre otras cosas. Como verás, las consecuencias imprevisibles de lo que parecía algo agradable pueden ser devastadoras.

La siguiente es la *ley de las consecuencias imprevistas*. Muchas acciones tienen consecuencias ulteriores que son mucho peores de lo que habría pasado de no haber hecho nada. Esto explica casi todas las políticas gubernamentales. A veces una acción que debería generar ganancias en realidad genera pérdidas, lo cual representa un gran peligro en el ámbito de los negocios. Uno puede, por ejemplo, participar de lleno en una inversión y terminar en bancarrota o perdiendo todo su dinero, además de verse en una situación mucho peor que en la que estaría de no haber invertido. Las consecuencias imprevisibles siempre se presentan cuando el éxito de una acción depende de una violación del principio de conveniencia, el cual explicaré un poco más adelante, y forman parte de la mentalidad de "algo a cambio de nada" tipo Santa Claus.

A continuación tenemos la *ley de la elección*, la cual establece que toda acción humana conlleva una elección entre varias alternativas, y que esta elección se realiza con base en los valores predominantes que tiene el individuo en ese momento. Tus acciones siempre expresan tus verdaderos valores, uno siempre puede saber lo que alguien piensa, cree y valora con sólo observar su comportamiento en lugar de lo que dice, desea o espera.

Si tienes dos tipos de donas en la mesa, siempre elegirás la que más te parezca apetecible; si tienes que elegir entre dos personas para casarte, elegirás a la que más valoras. Lo mismo sucede cuando puedes elegir entre dos automóviles, dos empleos o dos cursos en los que puedes inscribirte. Tus acciones siempre serán un reflejo de lo que más valoras y te parece importante.

Descubrir esto me causó gran sorpresa porque me permitió entender al fin por qué la gente decía una cosa, hacía algo distinto y luego lo explicaba como si nada: todo mundo lo hace, no tiene importancia. Alguien dice algo, y tú piensas: "Espera un minuto. No, tus acciones son una expresión verdadera de quien en verdad eres, así que cada acto que realices y cada cosa que te rehúses a hacer implica una elección y es una declaración respecto a tus valores y creencias". Una vez que entendí eso, pude comprender el mundo.

La siguiente es la *ley de la alternativa excluida*, la cual dice que sin importar lo que decidas hacer, siempre estarás excluyendo de manera simultánea todas las otras opciones que tengas en el momento de la elección. Cualquier elección implica el rechazo de las demás opciones, al menos en ese momento. Esto es particularmente cierto en el mercado. Cuando puedes elegir, hay escasez y oferta limitada. Cuando tienes una opción, siempre eliges lo que más te importa, pero al hacerlo estás rechazando todas las demás posibilidades. Cuando te casas con una persona descartas a todas las demás, te rehúsas a tener una relación con alguien más. Bueno, más te vale. Cada elección que haces te revela a ti mismo y a otros lo que en verdad crees y lo que más valoras.

La última ley es la base de toda la escuela austriaca. Es la *ley del valor subjetivo*. El valor de todo es subjetivo, lo determina alguien que está dispuesto a pagar por ello, lo cual explica la desigualdad y por qué los ingresos de la gente tienen un límite. No puedes decirle a nadie cuánto vale tu trabajo porque en realidad vale lo que alguien más esté dispuesto a pagarte de manera voluntaria en medio de una economía libre en la que siempre podrían encontrar a alguien más. Esto es abrumador. Todos los intentos por obtener tarifas por encima del mercado involucran el uso de la fuerza del gobierno, legislación, castigos, multas y todo eso.

Entre 2008 y 2009 tuvimos una severa crisis económica porque el gobierno federal aprobó leyes que hicieron obligatorio que los bancos le prestaran dinero a gente que no tenía crédito. Los políticos hicieron esto porque esperaban que esa misma gente votara por ellos en las siguientes elecciones. Todo empezó durante el mandato de Jimmy Carter, se expandió durante el de Bill Clinton y se desbordó como un río caudaloso cuando gobernó George W. Bush. En pocas palabras, a la gente le empezaron a regalar dinero para que comprara casas. Autorizaron créditos, les permitieron comprar una casa con un enganche de 3%, y además les dieron bonos de 3% más, efectivos en cuanto se mudaban. Los bancos financiaron millones de casas que la gente no podía comprar y un día todo colapsó. Fue una crisis patrocinada 100% por el gobierno. Dijeron que estas casas tenían valor por sí mismas, cuando en realidad ese valor lo estaban fabricando ellos al darle a la gente el dinero necesario para adquirirlas.

Los precios que fijan los individuos o los negocios son suposiciones informadas respecto a cuánto pagaría la gente por consumir todo el suministro producido. Esto nos lleva a la noción de que las ventas de mercancía o servicios a precios reducidos son el reconocimiento por parte de los vendedores de que el precio inicial era demasiado elevado, que se equivocaron al suponer que la gente pagaría eso.

La única persona capaz de determinar cuánto vale un producto o servicio es aquella a la que se le pide que pague por él, y, como decía Milton Friedman, en una sociedad libre todas las elecciones son libres. Elegimos algo porque sentimos que con eso estaremos mejor, pero si el gobierno interfiere, destruye la oportunidad de la libre elección.

La última es la *ley de la maximización*, la cual explica toda la actividad económica. Dice que, con cada acción, todos tratan de maximizar su posicionamiento para obtener lo más posible a cambio de lo menos posible. También se le llama *principio de conveniencia*. Este principio dice que los seres humanos son codiciosos, flojos, impacientes, ambiciosos, egoístas, ignorantes y superficiales, y que de manera constante buscan sobrevivir y gozar de seguridad, comodidad, esparcimiento, amor, respeto y satisfacción. Este principio también dice que la gente de manera inevitable busca la manera más rápida y fácil de obtener lo que quiere sin que le preocupen las consecuencias secundarias.

Cualquier actividad económica se realiza con base en estos principios. Todos los resultados económicos se pueden explicar refiriéndose a estas leyes, las cuales indican que la gente siempre se esfuerza por obtener lo más por lo menos sin que le inquieten las consecuencias secundarias o imprevistas, y que esperar que la gente *no* actúe por conveniencia es un sueño. Es como esperar que alguien cambie de color de ojos o deje de respirar y siga viviendo sin problemas.

Un ejemplo de esto son las ayudas económicas para el bienestar que, como consecuencia primaria, sirven para ayudar a los menos afortunados. Sin embargo, dar demasiadas de estas ayudas durante periodos muy prolongados provoca consecuencias secundarias: la gente se vuelve dependiente del gobierno. Quienes viven de estos beneficios pierden el respeto por sí mismos y no cuentan con habilidades para trabajar. Además, sus ingresos llegan a un límite, y dejan de tener esperanza en cuanto a sí mismos, sus hijos y su futuro.

Si toda la gente aprovechara estos programas del gobierno y dejara de trabajar, la sociedad colapsaría mañana mismo. La única razón por la que no sucede es porque esperamos que una cantidad suficiente de gente *no* se beneficiará de esto, *no* actuará por conveniencia propia, *no* tomará la ruta más rápida y sencilla para obtener las cosas que desea sin preocuparse por las consecuencias secundarias.

Ésta es mi visión de la economía. Hay muchas más leyes, pero como dije al principio, el almuerzo no es gratuito. Si se aplicara todo esto de manera rigurosa a todas las políticas y las actividades del gobierno, y a las del sector privado, el gobierno sería completamente distinto para todos ahora y en el futuro.

DAN

Brian, concluyamos con un comentario sobre el impacto que puede tener para las futuras generaciones el hecho de que ahora vivamos una buena vida en la que se implementen las leyes descritas en este programa.

BRIAN

Siempre podemos recordar el antiguo adagio griego que dice que a pesar de los problemas que se tengan en un momento dado, uno ya ha estado ahí, ya ha vivido tiempos difíciles parecidos y, sin embargo, uno siempre se encuentra en el mejor momento de la historia para estar vivo. En nuestro mundo suceden muchas cosas en los ámbitos político y económico sobre las que no tenemos control, por eso nos enfocamos en lo que *sí* podemos controlar. A lo largo de la historia humana hemos constatado que el éxito les llega a quienes se vuelven muy buenos en lo que hacen y luego ofrecen un producto o servicio excelente que la gente elige comprar de manera constante por encima de otros productos y servicios similares.

Estas personas tienen buenos ingresos y ahorran dinero. Como ya lo mencioné, el capitalismo es en realidad "ahorrismo". La gente conserva su dinero por un periodo si se desea prolongado, invierte en recursos que continuarán generando ganancias incluso después de que se haya hecho la inversión. Con el paso del tiempo, uno llega a un punto de su vida en el que dinero que invirtió empieza a generar más de lo que uno gana trabajando. En ese momento uno puede, si lo desea, empezar a retirarse de manera gradual de su profesión o llevarla a cabo de manera distinta o en otro lugar. Algunos simplemente se marchan, se vuelven misioneros y van a trabajar a otros países.

Tu tarea consiste en aceptar 100% la responsabilidad de tu vida financiera y comprender que está bajo tu control, que a pesar de la situación en que te encuentres ahora, puedes pagar tus deudas, ahorrar dinero, construir una fortaleza económica, invertir tu dinero con cuidado en propiedades que te generen ingresos, y alcanzar la independencia financiera para ti y tu familia. Si comienzas de inmediato, esto podría suceder más pronto de lo que esperas.

Conecta con el dinero de Brian Tracy y Dan Strutzel
se terminó de imprimir en el mes de marzo de 2023
en los talleres de Diversidad Gráfica S.A. de C.V.
Privada de Av. 11 #1 Col. El Vergel, Iztapalapa,
C.P. 09880, Ciudad de México.